信息技术发展新趋势系列

区块链的未来

新技术的"希望"还是"泡沫"

沈杰顺(Jason Schenker) 著

何　明　邹明光　译

许贝佳　王　琼　审校

·南京·

图书在版编目(CIP)数据

区块链的未来：新技术的"希望"还是"泡沫"/(美)沈杰顺(Jason Schenker)著；何明，邹明光译. —南京：东南大学出版社，2021.1

书名原文：THE PROMISE OF BLOCKCHAIN: HOPE AND HYPE FOR AN EMERGING DISRUPTIVE TECHNOLOGY

ISBN 978-7-5641-9227-3

Ⅰ.①区… Ⅱ.①沈… ②何… ③邹… Ⅲ.①区块链技术—研究 Ⅳ.①F713.361.3

中国版本图书馆 CIP 数据核字(2020)第 248958 号

江苏省版权局著作权合同登记
图字 10-2020-510

Copyright © 2018 Prestige Professional Publishing, LLC
All rights reserved.

区块链的未来：新技术的"希望"还是"泡沫"

出版发行	东南大学出版社
社　　址	南京市四牌楼 2 号(邮编：210096)
出 版 人	江建中
责任编辑	姜晓乐
经　　销	全国各地新华书店
印　　刷	南京玉河印刷厂
开　　本	700mm×1 000mm　1/16
印　　张	9
字　　数	101 千字
版　　次	2021 年 1 月第 1 版
印　　次	2021 年 1 月第 1 次印刷
书　　号	ISBN 978-7-5641-9227-3
定　　价	54.00 元

本社图书若有印装质量问题，请直接与营销部联系，电话：025-83791830。

序

如果说互联网传递的是信息,与之相比,区块链可传递信任和价值。因此,区块链被视为"下一代互联网"。深刻领会习近平总书记在2019年10月24日中共中央政治局第十八次集体学习时的讲话精神:区块链技术将作为核心技术自主创新的重要突破口。译者由此萌发了翻译此书的意愿。

本书第2~4章,剖析了区块链技术的内涵。区块链技术的本质是在信息不对称的条件下,基于加密算法建立节点信任机制,从而不需要第三方的保证。理论上,当区块链中的节点数量达到足够多时,这种由公众广泛参与的信任创建机制,可以在不需要"中央"授权的情况下,起到形成信任、建立交易、自动公开、联合监管等作用。区块链技术为解决信息不对称导致交易双方无法建立有效信用机制这一问题提供了全新的思路。

从第5章起,作者以一个金融学家的身份,使用大量笔墨描述了区块链技术在金融领域的应用。能解决金融交易中的信任问题,促使金融信任从双边互信或建立中央信任机制向多边互信和社会互信演变,寻求以"共同信任"解决公信力问题的新路径。译者建议未来中国金融业进一步加强区块链的研发和应用,积极建立国际区块链联盟,抢占国际金融战略制高点,能够提升我国数字经济核心竞争力。

在第 16 章中,作者强调用辩证的观点看待区块链,尤其是可能带来的风险。区块链的公开程度和所需要的安全程度之间存在权衡。区块链也可以被恐怖分子或反动政客所利用,比如他们可用加密货币的匿名性实施犯罪行径。译者建议需加强对区块链技术的规范,重视区块链安全风险,推动区块链安全有序地发展。

在最后第 18 章中,作者探讨了量子计算在密码破译方面的潜能,可能将对区块链产生新的挑战。译者翻译的《量子计算:发展与未来》(Quantum Computing: Progress and Prospects)和《量子互联网:超快速、超安全》(The Quantum Internet: Ultrafast and Safe from Hackers)即将问世,感兴趣的读者继续关注,或许可以从中找到答案。

相信读者阅读完本书后,能对此书标题:区块链的未来——新技术的"希望"还是"泡沫",有自己独到的见解。

中国工程院院士

原著序
区块链的未来

我第一次对区块链有深入了解是在2016年5月,当时美联储场外的一次非正式池边谈话促成了我对所有金融科技相关知识的不懈探索,包括区块链、比特币、首次代币发行(Initial Coin Offering,ICO)和其他加密货币等主题。

2016年底,我在麻省理工学院获得了金融科技证书,创建了一家支持区块链的公司,还创建了一个全新的学习机构——未来研究所,来帮助经济学家、分析师和策略师更加关注未来技术的影响。2017年,我开展了研究,撰写了有关比特币、区块链和其他加密货币的文章。我还为未来研究所开设了"数据的未来"和"金融的未来"课程,这些课程包含专门研究区块链的重要内容。

由于我的研究工作,2017年我在西南偏南(South by Southwest,SXSW)媒体和技术大会金融科技小组的研讨会上以区块链和比特币为主题作了发言。我还有幸就有关国家安全和国防的数字货币问题与北约和美国国防部进行过会谈。

如果你对学习区块链、比特币和数字货币感兴趣,那么阅读本书是一个很好的开始。毕竟，《区块链的未来：新技术的"希望"还是"泡沫"》（以下简称《区块链的未来》）包含了我在 2016 年 5 月至 2018 年 8 月间所学到的关于区块链的所有内容，甚至包括我与政府部门、北约和投资者们分享的秘密。

本书包含了我所认为的关于区块链、比特币和加密货币最关键的信息。其中还包括一些我希望早点知道的见解。但本书不是一本关于如何创建区块链或底层加密技术的书。

本书是一本关于区块链大背景的书。

《区块链的未来》这本书的主要目标是为非该领域专家的读者阐明区块链技术、企业区块链应用实例、比特币和加密货币。本书经过精心设计，为复杂的概念提供了容易理解的解释。为了实现这个目标，我将数据、趣闻轶事和图表结合起来，以促进读者对区块链大背景和相关内容的理解，否则这些内容可能看起来是深奥的技术或金融话题。

致谢

我想感谢所有以各种方式参与本书制作过程的人们。此外，我需要感谢一些具体的个人。

首先，我要感谢克里·爱丽丝，她出色地为《区块链的未来》一书制作了封面。十分感谢她的耐心和支持，把镶着二进制数字链的正在燃烧的亚历山大图书馆设计为本书封面实在是太棒了。

我还要感谢帕特尔和我在 Prestige 经济咨询公司的其他同事们，以及 Prestige 专业出版社的所有人，他们帮助我实现了本书的出版。

最后，也是最重要的一点，我要感谢我的家人支持我写这本书。我以前写的书都是献给我深爱的妻子阿什利·申克，以及我的父母杰弗里·申克和珍妮特·申克。尽管我把本书"献给非技术狂热但希望精通技术的战略家、经济学家和未来学家",但多年来,我的家人以数不胜数的方式支持我,给予我情感支持和编辑反馈。每次我写书,都是影响我家庭生活的疯狂历程,所以我要对他们以及在写作中帮助过我的所有人说声:谢谢!

当然,还要感谢您购买本书。希望您喜欢《区块链的未来》!

前言
新技术的"希望"还是"泡沫"

复杂的经济和金融问题之间存在差别,但在区块链领域却几乎没有。

不相信?试试在你的领英(LinkedIn)职场社交平台的个人简介中的任意地方添加"区块链"一词,然后看看你的个人简介会获得什么样的推送和信息。

然而,细微差别和分析有助于真正的理解。这一点直接影响了本书的结构和书名。书名《区块链的未来》表明了人们对区块链技术的热切期望。简而言之,区块链是一种新型的数据库,它可以实现更高的透明度、更清晰的所有权保管和数据的分布式使用。我将在第二章"区块链的剖析"中讨论区块链的这些重要的具体细节。

区块链技术有许多价值,但在我看来,区块链最大的价值在于它能降低中心故障点的风险。

在第三章中,我讨论了中心故障点作为一种集中的单点故障的重要性。简而言之,系统中若存在单点故障,即如果一个点发生故障,整个系统就无法运行。设想一个地区的主电网,如果某个特定的变压器发生故障,整个电网将无法运行。砰！只要有一个单点故障，一切都无法运行了。

中心故障点是由于中心化而威胁到整个系统运行的单点故障。系统的集中暴露和中心化威胁到整个系统。亚历山大战争期间，凯撒烧毁了古亚历山大图书馆，这是一个很好的中心故障点的例子。当世界上最大的著作和记录储存库着火时，多达50万卷文献被焚毁，上面记载有古代世界的大量知识。

当你拿起本书时，你可能会想：封面上是什么？

区块链未来将解决中心故障点的问题，这就是为什么《区块链的未来》的封面展示了正在燃烧的古亚历山大图书馆。

区块链的起源及首次应用比特币都十分神秘，我将在第四章中探讨这个话题。我们将在第五章和第六章中分别讨论其起源以及加密货币背后的经济学理论原理。

然而比特币并不是唯一的加密货币，也不是唯一建立在区块链上的数字或加密货币。在第七章中，我讨论了有关其他加密货币和首次代币发行的基础知识。因为并不是每个人都了解区块链、比特币、ICO和其他加密货币之间的区别，所以这是一个有助于读者了解基础知识的重要章节。

"希望"还是"泡沫"

区块链技术对经济、商业和投资者的意义是什么，近期人们对这个问题的答案越来越期待。这是本书探讨的核心话题——考察区块链的未来：它可能提供什么，以及人们认为它将会提供什么。

当然，本书的副标题为"新技术的'希望'还是'泡沫'"，这也是有原因的。事实上，尽管区块链技术已经存在好些年了，但人们对它的关注才刚刚开始达到临界点，其中的很大一部分关注是由于早期投资者在过去的一年中从比特币、ICO和其他数字货币中看到了巨额金融回报。然而区块链的"希望"和"泡沫"远远超出了加密货币。

为了让比特币和加密货币的话题更生动一些,我会分享一些趣闻轶事,并在第八、九、十章中讨论比特币和加密货币的一些风险背景。

在第十一章和第十二章中,我分别着重探讨了以加密货币区块链和比特币为代表的泡沫与风险的两大要点:"没有信任的信任"和"膨胀"。

比特币最大的一个风险是,暴徒、恐怖分子、无政府主义者和政治领域的不良行为者可能会使用各种加密货币为自己牟利。我在第十二章中阐述了加密和虚假新闻之间的相互影响,这个问题来源于我给北约和国防部所做的多次演讲。

新兴技术

尽管区块链已经存在了近十年,但它仍然是一种新兴的颠覆性技术——围绕这一主题,人们存在着很多误解和困惑。简而言之,区块链就像一台内燃机。这台内燃机可以用于任意数量的不同车辆,区块链技术的使用也是如此。

区块链是一种具有特定权限和数据共享的数据库,对企业和社会来说具有重要的价值。这些远远超出了区块链作为所谓"加密货币"背后的引擎这一用途。这个问题是第十三章的主题,也与人们认为的区块链具有降低中心故障点风险的潜力这一观念有关。

请看封面:亚历山大图书馆。

正在燃烧。

区块链是历史上最大的金融泡沫——比特币——背后

的技术。但远远不止于此。

不过,有些行业可能会面临使用区块链技术的挑战。例如,房地产和医疗,需要应对重大挑战。这与物流、制造业和货运业形成了鲜明的对比,在物流、制造业和货运业中,区块链几乎是一种理想的模式。我在第十四章中对这些行业进行了探讨。

在第十五章中,我谈到了偶尔会变得疯狂的投资环境,这种环境给区块链造成了巨大的炒作泡沫,以至于那些名称中包含有"区块链"这个词的美国公司都将面临美国证券交易监督委员会(Securities and Exchange Commission, SEC)的严格审查。

颠覆性的但并不独特的技术

太阳底下无新事。区块链也是如此。虽然区块链可能会颠覆一些传统的商业模式和金融运营,但它并不是一项完全独特的技术,也不可能是永久性的。在第十七章中,我介绍了区块链的历史背景,以及它在数据库创新和发展这一长期趋势中的地位。

在最后一章——第十八章中,我讨论了量子计算对加密货币和区块链可能造成的风险,尤其是量子计算在密码破译方面的潜力。本书的封面也展示了这一威胁。被量子物理学家和工程师称为图灵机(或普通计算机)的传统计算是基于二进制代码 1 和 0 的。这种计算本质上是一种切换的开关。本书封面上的二进制数字链反映了区块链和比特币加密的通用基础。

但这也暗示了未来的挑战。因为量子计算不使用二进制代码,量子计算机存在第三种状态,即同时存在开、关以及二者的叠加。我将在第十八章中对这一深层次的话题进行探讨。这对未来的加密、区块链、比特币和其他数字货币可能至关重要。

问题需要答案

我在本书中概述了一些主题。但归根结底，本书的目的是向读者提供有价值的信息，并回答所有希望探索区块链、比特币或加密货币以及希望成为这个领域专家的人们所面临的一些最关键的问题。

为了实现这一目标，本书的大部分内容将集中回答那些我们应该关注的最重要的问题，包括：

- 什么是区块链？
- 区块链与比特币和其他加密货币有何不同？
- 加密货币的风险是什么？
- 区块链为企业和社会所提供的潜在价值是什么？
- 区块链和加密货币之后是什么？

在阅读完《区块链的未来：新技术的"希望"还是"泡沫"》之后，你将会理解本书书名的主标题和副标题中每一个字的含义。你也应该能回答以上列出的所有问题。我在第一章中明确定义了一些术语和它们的区别，但在整本书中，我加入了一些图形、原创研究、类比和趣闻轶事，这将使这些主题易于理解，也易于向其他人解释。

为了确保你能理解本书涉及的所有主题，我还提供了一个术语表，作为本书的附录。这个术语表可以作为方便的参考资料，用于理解区块链、比特币和加密货币的主要概念。

现在，让我谈谈我为什么写这本书。

目　录

序

原著序

前言

第一章　著书缘由 / 001

第二章　区块链的剖析 / 005

第三章　中心故障点 / 011

第四章　区块链和比特币的起源 / 016

第五章　加密货币经济学 / 019

第六章　哈耶克的比特币梦想 / 031

第七章　其他加密货币和首次代币发行 / 035

第八章　波西米亚比特币 / 048

第九章　虎胆龙威与加密货币 / 053

第十章　最后一枚比特币 / 056

第十一章　太大了难以成功 / 060

第十二章　虚假新闻与加密货币 / 063

第十三章　除加密货币外：区块链的企业价值　/　067

第十四章　行业区块链的实践限制　/　076

第十五章　投资区块链和加密货币　/　082

第十六章　没有信任的信任和数字货币风险　/　090

第十七章　大背景下的区块链　/　097

第十八章　量子计算　/　101

结论　区块链的未来　/　103

附录　区块链术语表　/　105

尾注　/　108

关于作者　/　120

顶级预测专家的准确率排名　/　123

免责声明　/　126

第一章

著书缘由

人们感到很困惑。

他们困惑的是,什么是区块链,它与比特币的区别,以及 ICO 和加密货币是什么。此外,许多商业主管仍在努力理解区块链技术对他们的商业意义。

市面上有许多区块链书籍,但这些书显然并没有达到预期的效果。事实上,作为我工作的一部分,过去的两年里我阅读了无数本区块链书籍、白皮书和论文——这也是为写作本书做准备。但这些书中,没有一本是真正详尽介绍区块链的。

有些书纯粹专注于创造区块链技术。其他的都是关于比特币和如何快速致富。然而,很多书现在都已经过时了,因为区块链技术已经有近十年的历史——尽管它的应用案例仍在不断涌现。

在开始之前,我们先用基本术语来澄清一些事情。

问:什么是区块链?

答:区块链是一种允许分发记录的数据库技术。记录链和大量的细节都可以定制,比如谁有权访问以及访问的安全性。区块链有点像具有推送组件、分布式账簿和复杂加密的逆向云。它最初用于支持比特币,但它还可以用来做很多事情。

问:什么是比特币?

答:比特币是最早的一种数字货币,于2009年出现。2017年底,比特币热潮导致其价格暴涨,随之而来的是价格暴跌,这被评估为历史上最大的金融资产泡沫。没有一家银行支持比特币。它也没有与黄金绑定。比特币是"自己的东西",它与美元、日元、欧元和英镑一样,基于法定货币浮动。

问:什么是ICO?

答:首次代币发行(ICO)是众筹的延伸。ICO代表一种募集资本的方式,但它是高度投机性的资产,往往与尚未盈利的初创企业或虚拟的实体绑定。ICO与代币有关。

问:什么是加密货币?

答:加密货币,正式名称为数字货币,非正式名称为加密货币。加密货币指的是所有用于交易的非法定、非政府货币。包括比特币和其他更为成熟的货币,如以太币和瑞波币,以及一些不太知名的ICO所创造的货币。

这四个问题是我写这本书的主要原因。

人们总是问我这些问题,我需要可以直接给他们的、用于回答他们问题的东西。如果我把本书交给你,而你也读到了这里,恭喜你!

好消息是,如果你从本书中得到的就是这四个问题的答案,那么我的工作就完成了。这是最基本的,因为人们应该知道什么是区块链、比特币和加密货币——尽管很多人并不知道。

我指的是：每年我都会去参加仅对受邀者开放的亚特兰大联储金融市场会议。与会者们是我参加过的所有专业聚会中最令人印象深刻的。出席会议的有多名美联储银行行长、其他国家的央行行长、金融交易所负责人、决策者、对冲基金和银行的首席执行官，我甚至还在那里见过美联储主席。

2016年5月，在一次会议上，我正要离开时，一位记者偶然跟我讲起他们的主题：金融科技。"就像比特币之类的。"记者解释道。

我很快就意识到，金融科技从根本上威胁到了我在Prestige经济咨询公司的业务，所以我用最快速度成为这方面的专家。金融科技的重要奠基石是区块链技术和加密货币，如比特币。当然，现在还有许多其他的加密货币，例如：以太币、莱特币、瑞波币等。

从2016年到2018年，我成为金融科技、区块链、比特币和加密货币领域的专家。我在麻省理工学院获得了金融科技证书，还为未来研究所录制了多门课程，内容涉及区块链技术和它对数据的重要性，以及区块链除加密货币以外的、有价值的企业应用。

当然，我也就这些主题写过论文，我在SXSW大会上谈到过它们，还就比特币、加密货币和虚假新闻等主题，在北约和美国国防部都做过多次演讲。

2018年5月的亚特兰大联储金融市场会议召开时，很明显的是，一些首席执行官、央行行长、经济学家和金融思想领袖们落伍了许多。他们显然没有那么深入了解金融科技。

但他们需要对此有深入了解。

一位发言人谈到了加密货币交易的黑客攻击风险和电子钱包的脆弱性,这里的电子钱包是人们保存加密货币余额的地方。这次发言十分直截了当,但随后我听到很多人问区块链和比特币之间的区别。我甚至听到有个人问以太币是不是一种比特币。

这些都是很好的问题,但考虑到这次活动与会者的层级(以及当时是 2018 年),我仍然感到很惊讶。

也许我应该在 2017 年写这本书,但当时我优先做的是写论文、做演讲和为未来研究所录制这些主题的课程,而没有写一本书。

但在 2018 年 5 月的那次会议之后,我意识到人们显然需要这本书。

这就是我写这本书的原因:帮助人们理解重要的概念和术语,而不仅仅是熟悉它们。

第二章
区块链的剖析

区块链从何处而来?

从本质上讲,区块链是以区块的方式处理的个人交易或记录的链条。这些区块成为分布式网络中共享的永久记录账簿的一部分。在本章中,我将探讨所有的这些概念。

总的来说,区块链是一种数据库。

一切新事物都是旧事物。区块链也是如此。数据库和记录保存已经存在了几千年。事实上,一些早期的记录著作是基于交易记录的。因此,不足为奇的是,推动交易记录保存的技术进步将会是很重要的,或者说它们将不断进行改进。

甚至区块链也不再是一个"新"概念。毕竟,使用区块链技术实现的首次官方比特币交易发生在 2009 年 1 月。

我们需要探讨区块链的各个部分,而实现这一点的最好的办法是可视化。我们来看图 2-1。

每一笔交易都是一个记录,无论我们谈论的是比特币的转账、物理传输负载还是一笔资产。交易中有一个买家和一个卖家,那么这笔交易就是个人记录的一部分。

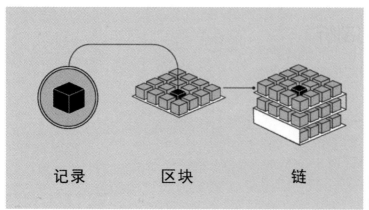

图2-1 区块链的剖析

接着,该记录成为交易区块的一部分,即区块链这个词中的区块。区块中的这些交易记录一起作为一个区块来处理。然后将它们添加到前期处理过的区块链中。

"区块链"中的链,可以追溯到处理过的区块的全部历史。然后,这段历史记录,即整个区块链,将作为账簿分发到网络中。

理想的区块链,比如比特币使用的首个区块链,将交易记录永久地放在区块链上,这样它们将不可被篡改。

最合适的分布式网络

一些关于区块链的声明有助于阐明区块链的用途和目的。首先,区块链在分布式网络中的效果最好。

图2-2所示的是分布式网络的样子。当有多方参与交易时,这些交易本质上是没有中心组织的。这就与区域化的商业,或者家庭成员花自己的钱类似。你可以自主交易,没有所谓的中央存储库进行记录。

当然,可以创建一组任意类型的交易记录并在分布式网络里进行共享。但历史证明这是愚蠢的。

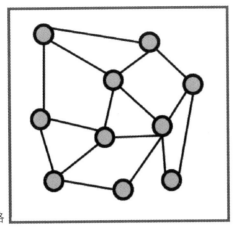

图 2-2 分布式网络

每个收到电子邮件链抄送的重点项目邮件的人都知道跟踪每一次更新有多么困难。此外,有时会更新了错误的文件,这将导致项目失败。2007—2009 年我在麦肯锡公司从事管理咨询工作时,这项工作被称为版本控制。几乎在任何项目或客户交互中,它都是一个重大风险。

有时人们会更新错误的文件,而重要的文档有不完整的风险,需要经过复杂的协调和审查。

它也是会计中存在的问题,这就是为什么审计人员跟踪金融文件是至关重要的。对于审计人员来说,通过适当的抽样和测试来确保数据的一致性,是为了发现由于记录保存不当导致的各种问题,而这些记录在分布式网络中更容易出错。

我分享这些专业的例子是为了说明,在分布式网络中良好的记录保存的重要性。

当然,解决分布式网络中记录保存的风险是设计云计算的初衷。

在云计算技术中,不同位置的人们可以编辑在共享位置中更新的文档。但是这些文档通常保存在一个集中的位置,它们并不保存一项容易跟踪的记录,即谁在何时更新了什么。在某些方面,这使得云计算像一个集中式网络,如图2-3所示,所有的权限和数据都保存在同一个地方。这也意味着网络可能容易受到中心故障点的攻击。

我将在第三章中更多地讨论中心故障点的风险,但简而言之,这意味着如果你把所有的记录都放在同一个地方,它们将容易受到攻击。同理,如果 Dropbox 或 Google Drive 由于技术故障而停止运行,这也意味着你可能将无法访问你的文档。尽管不是你自己的过失,但你的文档和记录保存系统将无法提供服务,至少短期内如此。

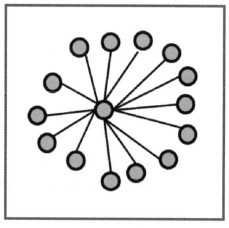

图 2-3　集中式网络

比云计算更好

区块链技术被明确设计为允许分布式系统中的人接收已完成交易的更新账簿。我们把它想象成一个推送系统,无论其成员在何处,该系统都会不断地更新网络。区块链之所以能够一直更新实体的分布式网络,部分原因是由于交易不是集中处理的。它们由网络中的节点进行处理,如图2-4所示。

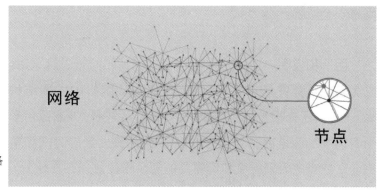

图 2-4 区块链网络中的节点

区块链网络内的任何节点或有权限的参与者都可以更新区块链。但每一次只能添加一个区块。比特币是通过一个叫作挖矿的步骤来实现更新的,即完成复杂的数学计算将会得到奖励。首先完成交易的节点会得到奖励,我们称之为兑换。企业区块链可以采用不同的结构来处理交易。事实上,区块链是高度可定制的。

区块链的通用性

如前所述,区块链是一种数据库技术。它也是一个开源的概念。这意味着,任何创建数字货币或面向商业交易的区块链的实体都可以定制交易的处理方式、奖励是什么以及进程堆栈的规范。此外,还可以自定义交易,包含创建区块链的实体所希望添加的任何详细信息,以确保记录是完整的。

这也意味着区块链不需要公开。

对比特币来说,你可以下载它的区块链。但是,当公司考虑创建自己的区块链时(这是我在第十三章中进一步讨论的主题),知道一点很重要,那就是区块链可以在内部保存并在组织内部的同事之间共享。

当然,其中一些区块链可能存在泄露的风险,我们将在

第十六章讨论使用区块链和显著增加的脆弱面或脆弱点的网络安全影响。

用例和权衡

区块链有许多用途,但以上是区块链剖析的主要结构点。当然,正如梅拉妮·斯旺所指出的,区块链"并非适用于所有情况",这是因为处理区块链需要花费大量的时间和精力。区块链的公开程度和你需要的安全程度之间存在权衡。

像比特币这样的大型公开区块链会消耗大量能源。随着时间的推移,区块链会变得越来越大。毕竟,它们的账簿是永久性的。区块链规模显著增长的风险是一个被称为膨胀的概念,我将在第十一章中更深入地讨论它。

目前,我希望你掌握以下关于区块链剖析的要点:

1. 区块链有三个部分:记录、区块和链。
2. 区块链作为分布式网络的数据库管理工具,是它的最佳用例。
3. 区块链是在分布式网络中维护数据的有效手段,因为交易是由节点处理的。
4. 区块链能降低中心故障点的风险。
5. 区块链并不总是数据库管理的正确选择,其中存在权衡。

现在,我们来谈谈区块链技术的最大价值:降低中心故障点的风险。

第三章
中心故障点

这一章我们将谈论本书的封面。

我必须承认的是,我想知道当我写完这本书时,人们是否会认为我反对区块链,因为封面上显示的是一场火灾。

但事实并非如此。

本书的封面描绘了正在燃烧的古亚历山大图书馆和那场大火。中心故障点的典型案例就是该图书馆的烧毁,这是人类历史上最大的知识损失之一。通过分布式账簿技术,区块链为其提供了一个解决方案。

作为未来主义者,很重要的一点是将技术发展置于历史背景下,我认为,在当时背景下,烧毁的亚历山大图书馆至关重要。你看,亚历山大图书馆就曾受制于单点故障。还有一种非常特殊的单点故障——中心故障点。

单点故障

单点故障的风险是技术界和供应链界经常讨论的问题。单点故障是指网络处于高风险,而其弱点是在一个点上。如果这个点发生故障,那么整个网络都会无法运行。

有一个例子来说明单点故障,那就是电网中的变压器,如果变压器发生故障,可能导致整个电网瘫痪。另一个技术方面的例子是路由器,如果路由器发生故障,将导致更大范围的计算机网络无法连接互联网。在制造商的全球供应链中,可能有一个供应商生产独特的小部件。如果该供应商没有生产这个小部件,你的整个生意就会陷入困境。你将再也无法生产你自己的产品,你的利润将会下降,你的公司可能会倒闭。

任何你的生意或者你个人依赖的成为瓶颈的事物都可以看成单点故障。这是专业采购人员经常考虑这些风险的部分原因,也是网络中存在冗余以防止大范围系统故障的原因。

还有无数的例子,为了更深入地探讨单点故障的风险,我推荐加里·林奇写的同名书《单点故障》。

中心故障点

中心故障点是一种特定的单点故障。集中化导致一个中心故障点威胁到整个系统的运行。系统中统一的接口和集中化威胁到整个系统安全。

灾难性的中心故障点严重影响了全球范围的文件和记录的保存,一个非常好的例子就是古亚历山大图书馆的烧毁。

亚历山大图书馆

上一次你看到亚历山大图书馆,或者同等重要的亚历山大灯塔,可能是在玩某种形式的经济发展游戏中。比如锡德·迈耶设计的《文明》,游戏中你经过多年,把一个小村庄建造成一个现代文明。

亚历山大灯塔是古代世界七大奇迹之一,是在地中海航行的船只的灯塔和航标，而亚历山大图书馆则是一种更重要的光、启迪和知识的真正源泉。

亚历山大大帝死后，在古埃及时代的希腊托勒密法老王朝的庇护下，亚历山大图书馆收集了大量珍贵的文献，据称，数量多达50万卷。[1]

火灾

在亚历山大图书馆的火灾中，50万卷文献被烧毁。那时，所有的知识、所有的智慧、所有的资料都存在同一个地方，场面一定令人叹为观止。然后它们都不复存在了。

永远地从这个世界消失了。

这也许是世界历史上最昂贵的中心故障点——亚历山大图书馆的火灾。这在古代世界是一个可怕的损失。

而这本来是可以预防的。

不是像美国林业局在广告里说的那种"只有你，古希腊人才能预防图书馆火灾"的方法。毕竟，凯撒是罪魁祸首，因为这场火灾是他攻占亚历山大城时无意蔓延到图书馆的火苗造成的。[2] 但损失的规模是可以预防的，因为图书馆的藏书处于由中心故障点所导致的高风险之中。

除了亚历山大图书馆包含的所有知识的损失外，我们必须吸取一个宝贵的、无价的教训，并永远铭记，那就是冗余对于确保信息不丢失是至关重要的。

据广泛报道，过去人们经常会复制亚历山大图书馆收藏的书籍和记载，但图书馆里的记载基本上是原件。考虑到时间和成本，许多文件被复制的可能性不大。

图书馆降低了中心故障点的风险

之后的文献保护者们并没有忘记亚历山大图书馆的教

训，整个中世纪，僧侣们不辞辛劳地在烛光下抄写文献手稿。即使在今天，尤其是在电子文档的使用之前，图书馆之间的文件冗余也是至关重要的。毕竟，我以前上的弗吉尼亚大学是美国国会图书馆的后备图书库。

如今，许多图书馆不辞辛劳地将旧文档复制、转换和分发成便携的文档文件（PDF），以分享资料。这也可以降低中心故障点的风险。

公司与中心故障点的风险

2004—2007 年，我在当时美国第三大银行美联银行（Wachovia）担任经济学家。我们在离夏洛特很远的地方有一个备用交易专柜，地点是公司总部。

在 2001 年 9 月 11 日纽约遭遇恐怖袭击后，大多数银行和金融机构都开创并维持了这一惯例。

虽然一些机构和公司已经学会了在其系统中增加冗余，但大多数实体仍处于中心故障点的风险之中。

个人也是如此。

很多人没有他们工作资料的备份副本。企业、非营利组织、公共机构也都是如此。

当然，云计算的使用使得人们能够在 Dropbox、Box 或 Google Drive 上共享和备份他们的文档。

但在一定程度上，这也是一个中心存储库。人们对云有一种依赖——而这可能会产生风险。如果这些实体中的某一个停止运行了，将产生非常糟糕的影响——即便只是停止运行很短的一段时间。

进入区块链

降低中心故障点的风险是区块链的切入点。因为云服务允许多人访问同一个文档,而区块链则允许通过节点网络给多人分发同一个文档。永久的近期分发记录是很清楚的。

这一点改进了版本控制,也降低了中心故障点的风险。

再也不会出现像亚历山大图书馆火灾这样所有资料全都丢失的事故,因为区块链上的信息账簿无处不在(图3-1)。

从本质上来说,你自己的亚历山大图书馆——个人金融或企业已经做好了自己的备份,并通过区块链,不断在网络上进行更新和分发。

区块链的核心价值是通过提供连续分发信息冗余的方式来共享和传播知识的能力。这是区块链的一个主要价值,但往往也是区块链最容易被忽视的价值。

那么,区块链是否是预防未来亚历山大图书馆这种级别的资料、知识和智慧损失的希望? 我认为是的。

这是区块链最伟大的未来。

图3-1 亚历山大图书馆[3]

第四章

区块链和比特币的起源

区块链和比特币的发明者是中本聪。

中本聪是谁？没有人知道。

人们普遍猜测，中本聪并不是发明比特币并提出区块链概念的人的真名。实际上，很多人认为中本聪根本不是一个人，而是一群人。

中本聪于 2008 年 10 月 31 日发表了一份题为"比特币：点对点电子货币系统"的白皮书。[1] 这份白皮书提出了一个想法，即在不使用金融机构或中介机构的情况下，以电子方式进行金融支付。正如白皮书的标题所示，这份白皮书讨论了它所提出的电子货币系统的本质。在该系统中，各方直接交互，进行不可逆的点对点交易。

这篇理论白皮书发表之后，2009 年 1 月 3 日产生了比特币的第一笔交易。

因此，比特币是从无到有的。没有任何支持。没有央行，没有政府，也没有外汇储备。它使用区块链来作为未来所有比特币交易的永久性公共账簿的保存途径。

像内燃机一样的区块链

在第一笔比特币交易发生之前,区块链的使用一直是一个理论概念。它已经与比特币紧密相连,就像 1885 年发明的内燃机与我们的汽车、卡车理念紧密相连一样。[2]

但比特币不是区块链,区块链也不是比特币。

区块链是驱动比特币的技术引擎,且区块链可以驱动很多事情。

区块链可以提高货物运输的透明度。它可以使成熟行业中依赖过时文档处理的交易更加容易。它可以保护人们免受不安全农产品的伤害,同时也可以减少为保证食品安全而造成的经济损失。它还可以使金融记录更容易保存,也有可能用于医疗记录的转移。我将在第十四章和第十五章中讨论这些主题。

但是,虽然区块链可以做这些好事,但它也可以被犯罪分子、恐怖分子和反动的政客利用,他们试图用比特币和加密货币的匿名性来做坏事。

区块链就像内燃机,内燃机可以为车辆提供动力——从神风号潜艇的发动机、海岸警卫队的救援船到迪士尼的游轮(图 4-1)。区块链有很多用途。尽管有些用途是不好的,但仍有许多用途是好的。

同样的,人们也不会去考虑汽车发动机的爆炸——这就是燃烧的定义——尽管爆炸的确会发生。

区块链的大爆炸可能会颠覆那些饱受文档、信息效率低下和所有权转让这些问题困扰的行业。这些领域拥有大规模的区块链解决方案的市场,可以为区块链解决方案带来可观的投资回报。

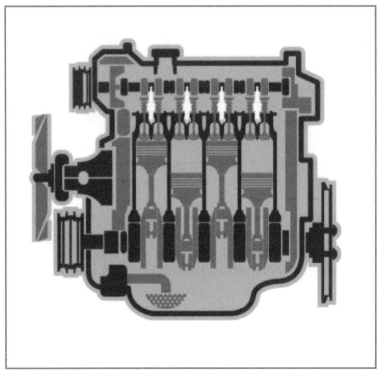

图 4-1　内燃机[3]

区块链和比特币

比特币的起源有金融和理论逻辑的支持。虽然比特币和加密货币具有重要的价值和用例，但区块链的发展可能会超过比特币和加密货币。

区块链将有许多其他高价值的用途，就像今天使用内燃机的汽车远比最初使用内燃机的汽车要先进。

第五章
加密货币经济学

支持包括比特币在内的加密货币使用和价值的经济学的根源在于对法定货币和央行政策的担忧。

当然,非政府货币的历史和理论自由主义论点也部分源于对法定货币的不信任。我将在第六章进一步讨论这个问题。在本章中我将重点讨论,在关注法定货币和央行政策的未来这一背景下,比特币和其他数字货币的经济意义。

金融危机后最大的一个挑战是如何在经济增长几乎空前缓慢的情况下刺激经济增长。扩张央行资产负债表规模是美联储、英国央行、欧洲央行、日本央行和其他央行为维持经济运行而采取的前所未有的一个关键解决方案。

促使中本聪推出白皮书和比特币的原因——至少是基于第一笔比特币交易所包含的信息。

人们通常把第一笔比特币交易称为创世区块,它包括以下信息:

《泰晤士报》2009 年 1 月 3 日财政大臣正处于实施第二轮银行紧急援助的边缘[1]

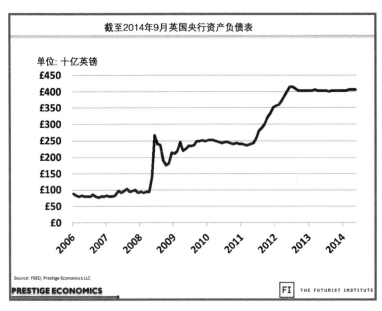

图 5-1　英国央行资产负债表[2]

如图 5-1 所示,英国央行在 2007—2012 年进行了多次紧急援助,资产负债表规模扩张了 300%,从 940 亿英镑左右增至 4 000 多亿英镑。

但采取此类措施的不止英国央行一家。欧洲央行也大幅增加了其资产负债表。欧洲央行将其资产负债表从 2008 年 1 月的 1.3 万亿欧元扩张到 2012 年 6 月的 3.10 万亿欧元。接着,从 2012 年 6 月到 2014 年 9 月,欧洲央行将其资产负债表减少了约三分之一,从 3.10 万亿欧元降至 2.0 万亿欧元。

然而,在此期间欧元区经济放缓,欧元区的制造业采购经理指数(Purchasing Managers' Index,PMI)也显示出经济明显放缓。欧元区陷入三次衰退的风险增加。由于经济急剧放缓,欧洲央行转变了策略,迅速扩张其资产负债表,到 2018 年 7 月,资产负债表已增至 4.6 万亿欧元以上(图 5-2)。

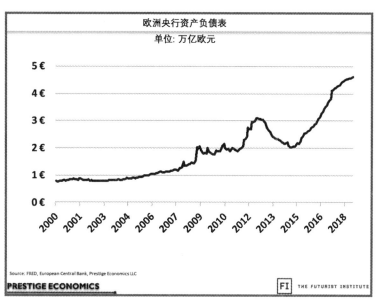

图 5-2 欧洲央行资产负债表[3]

  央行扩张资产负债表是一种降低利率、间接刺激金融活动和经济增长的极端手段。它是通过让央行参与购买政府债务、抵押贷款、债券或股票来实现的。各大央行采取的方法略有不同。

  日本央行实施了最激进的央行扩张,其中的量化宽松计划包括大量购买日本房地产投资信托基金(J-REITs),以及日本股票的交易所交易基金(Exchange Traded Fund,ETF)。换句话说,日本央行一直是日本股票的大买家(图5-3)。

  2010年,日本央行没持有任何ETF,但到2011年3月,日本央行对ETF的持有量增至1 850亿日元。到2016年9月,该数字已升至9.8万亿日元。目前,日本央行拥有价值约16万亿日元的ETF。日本央行是许多股票的主要股东(图5-4)。

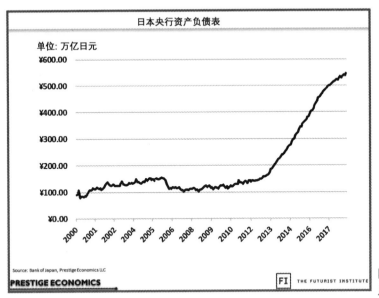

图 5-3 日本央行资产负债表[4]

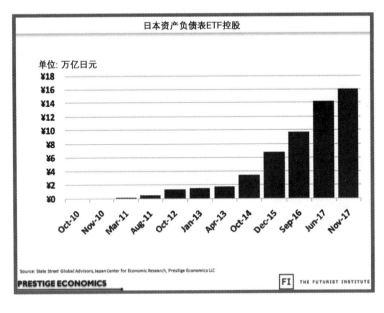

图 5-4 日本资产负债表 ETF 控股[5]

这种局面是前所未有和不稳定的,它迫使我们提出一些难题:日本央行将如何从日本股市中脱身?日本央行是否有能力出售其股票?其他央行也会陷入类似的困境吗?很难预测如果日本央行脱身的话,日本股市将发生什么。但其他央行似乎也有可能走上这条路。而这种风险会支撑加密货币。

美联储

为应对大萧条后的缓慢增长,美联储开始购买抵押贷款支持证券,作为压低抵押贷款利率和刺激美国住房市场的一种手段。美联储还购买了美国国债,此举推低了利率——即使是在美联储将联邦基金利率定为0%之后。

美联储的资产负债表从2008年1月的约9 000亿美元增至2015年1月的约4.5万亿美元(图5-5)。但美联储没有购买股票或公司债券,尽管它未来可能会考虑这么做。不过,目前美联储关注的重点是降低资产负债表水平。但未来,它可能还是会考虑购买股票或公司债券。

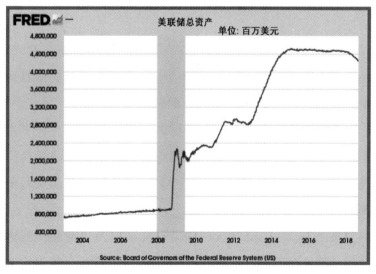

图5-5 美联储资产负债表总资产[6]

从 2017 年 10 月开始，美联储开始采取正式的资产负债表缩减政策，减少对到期的抵押贷款支持证券和国债的再投资。然而，与欧洲央行试图削减资产负债表不同的是，美联储故意计划以非常缓慢的速度削减资产负债表。我认为，美联储之所以决定特别谨慎，部分原因在于欧洲央行的经验。

量化宽松的未来

尽管美联储正在削减其资产负债表，但资产负债表可能在未来很长一段时间内保持或接近历史水平。而且，美联储未来可能会进一步扩张资产负债表，而不会下滑到前期 2007 年 12 月至 2009 年 6 月持续的大萧条的水平。

扩张美联储的资产负债表对刺激美国经济非常有效。换句话说，量化宽松起作用了。这意味着美联储未来可能会再次扩张其资产负债表。

此外，珍妮特·耶伦在 2016 年美国怀俄明州的杰克逊霍尔举行的堪萨斯城美联储年会上指出，"我预计长期指导和资产购买仍将是美联储政策的重要组成部分。"她进一步补充说，"未来的决策者可能希望探索购买更广泛资产的可能性。"[7]

换句话说，未来美联储不仅有可能再次实施量化宽松，还可能会购买不同种类的证券。因此，尽管美联储的政策可能会在宽松之前变得更为紧缩，但未来仍会变得更为宽松。

央行资产负债表的扩张从根本上支撑了没有央行支持的比特币和数字货币的经济金融理论。目前尚不清楚持续高水平的央行资产负债表的扩张对欧洲央行和英国央行的影响。

然而，显而易见的是，各国央行已经打开了量化宽松这个饼干罐，它们可能会花掉更多自己没有的钱，有效地创造凭空购买资产的能力。从会计的角度来看，如果资产最终价值到期并从资产负债表上消失，这是没有问题的。但日本央行的资产负债表将不会如此。

接着是债务问题。

国债

除了美联储不断上升的资产负债表外，美国国债也是一个日益严重的问题。2018 年 8 月，美国国债近 21.4 万亿美元，这个规模不是小数字。事实上，将国债分摊到每一个美国公民头上的话——每一个男人、女人和孩子——相当于人均负债 65 200 美元。[8]

那是一大笔债务！

在未来美国经济衰退的情况下，美国的债务水平和债务占 GDP 的比例将上升。但即使没有经济衰退，未来几年美国国债和国债占 GDP 的比例也可能大幅上升，如图 5-6 和图 5-7 所示。

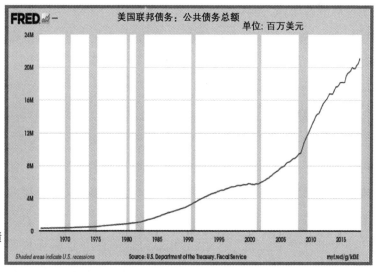

图 5-6　美国联邦债务总额[9]

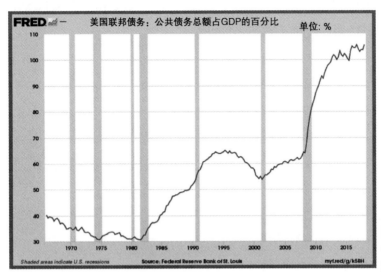

图 5-7 美国联邦债务总额占 GDP 的百分比[10]

而社会福利是额外的迫在眉睫的债务主要来源。

不幸的是,虽然美国国债规模庞大,但美国社会福利所产生的无资金保障的金融债务规模却要大得多——而且它们很可能在未来几年内加剧美国债务问题。简单地说,社会福利会对未来美国政府的债务水平和美国经济增长构成最大威胁。

社会福利

美国的社会福利,包括医疗保险、医疗补助和社会保障,由工人的工资税收提供资金。工资税与所得税是分开的,如果财政政策发生变化,所得税税率可能会下降,而工资税是单向上升的。你看,社会福利的资金严重不足。

全世界的主权债务总额约为 60 万亿美元。[11]这是世界各国政府累积持有的债务。但是,美国无资金保障的社会福利的规模可能是这一水平的三倍多。没错:医疗保险、医疗补助和社会保障的无资金保障的表外债务可能达到 200 万亿美元。[12]

这种表外债务的水平对美国经济构成威胁。

美国传统基金会已经从美国国会预算办公室获得了有关社会福利的计算结果,并创建了图 5-8,该图看起来是十分灾难性的。基本上,到 2030 年,美国所有的税收收入都将被社会福利和国债的利息所消耗。这些都是在税制改革前的惨淡计算,而美国最近的预算有可能进一步增加国债。

2030 年并不是那么遥远的未来,时间正一秒一秒地过去。

然而,尽管社会福利问题十分严重,但不要指望这个问题会很快得到解决。这种为了不断增加的债务而故意忽视政治权力的做法,构成了对加密货币的支撑。

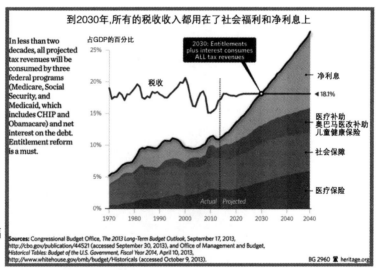

图 5-8 用于社会福利的税收[13]

美国社会保障的始祖

社会福利的部分问题的原因在于它们的起源。美国社会保障管理局网站认为奥托·冯·俾斯麦是美国社会福利的始祖。他的肖像甚至出现在美国社会保障局的网站上（图5-9）。

俾斯麦是一位有权势的政治家，他以运用"实用政治"而闻名，即一种建立在实用主义基础上，以促进国家自身利益的政治学说。对他来说，社会福利是方便和权宜之计。不幸的是，现在已经不是这样了。如今，社会福利的债务水平上升构成了可能压垮美国经济的威胁。如果不进行改革，美国大量劳动力可能会被裁减。

图5-9 社会保障的始祖俾斯麦[14]

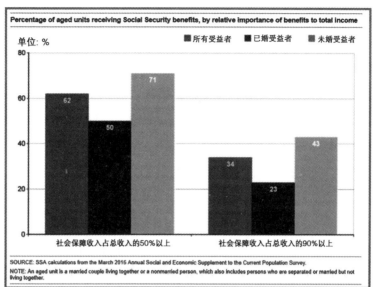

图 5-10 社会保障的预期重要性[16]

俾斯麦制度也是可持续的。他的制度保证了德国 70 岁以上的工人的养老金,但 19 世纪 80 年代末德国的平均预期寿命只有 40 岁。[15]换句话说,很少有人能得到这样的福利,以至于项目成本可以忽略不计。

俾斯麦操纵社会福利来帮助他碾压政治对手,而不必实际付出金钱。但美国目前的社会福利制度是一种无资金保障的债务,构成了可能压垮整个经济,并导致劳动力市场陷入困境的威胁。此外,由于许多美国人严重依赖社会福利来获得收入,固定的社会福利呈现出一个可怕的困境(图 5-10)。

但是这个制度是怎么崩溃的呢?俾斯麦办了这么一件大好事。发生了什么?

答案可以用一个词来回答:人口统计数据。

人口统计数据

美国人口增长急剧放缓,这一人口趋势似乎势不可当。另外,随着出生率的下降,预期寿命也在上升。这加剧了社会福利的资金短缺。

美国人口增长率从20世纪50年代和60年代早期的每年超过1.5%的年增长率下降到2011年以来的0.7%。[17]人口增长放缓的部分原因是美国生育率的下降。总体而言,全球生育率一直在下降,但根据人口统计学家乔纳森·拉斯特的数据,美国的生育率仍相对较高,为1.93。[18]与其他工业化国家相比,美国的总生育率相对较高,但低于维持人口所需的2.1%这个"黄金百分比"。[19]

如果没有足够的人来支付社会保障和社会福利,这个制度就面临着更大的失败风险。关于社会福利的讨论可能是数字货币价值的另一个原因。

未来影响

虽然未来美国债务水平上升的前景几乎是肯定的,但这增加了美国央行——美联储——需要进一步扩大资产负债表规模以保持低利率的可能性。如果没有低利率,美国政府可能面临更为迅速上升的利率负担——这一负担将对美国经济构成威胁。

总的来说,2007年至2009年金融危机和大萧条之后美国政府的各种救助和央行资产负债表扩张,突显了美国政府和央行——法定货币价值、政府预算和公共信托的守护者——默认的当大型实体面临风险时,可能引起俾斯麦制度的崩溃。这导致一些公司被指定为"公司大到不能倒闭"。

正是在这种央行救助和量化宽松的背景下,比特币诞生了。这些风险持续为加密货币的经济理论提供支撑。

我们目前生活在一个对美国央行政策和政府预算未来走向的不确定性不断增加的时代。在这个时候,支撑无政府支持的法定货币的经济和理论论据,可能会继续显得合理。

第六章
哈耶克的比特币梦想

作为一名经济学家,我想知道英国经济学家哈耶克是否会梦见比特币。毕竟,有一整套经济理论支持政府以外的货币这一概念。

哈耶克是一位自由市场经济学家,他以批评我们现有的货币体系而闻名。在现有体系中,政府垄断了货币发行。虽然其他经济学家有时也赞成回归金本位制,但哈耶克指出,这一方案存在问题。

例如:没有足够的黄金可用于交易。这是货币最早成为法定货币的部分原因。美元成为全球储备货币的部分原因是有足够的美元来促进交易。当然,自20世纪70年代布雷顿森林体系结束以来,以美元计算的金价一直呈上涨趋势。

对哈耶克来说,回归金本位制是不合理的,因为它"可能导致黄金价格的上涨(或许还会出现剧烈波动),尽管黄金可能仍被广泛用于囤积,但作为商业交易和会计的单位,它将很快变得不再方便。"[1]

换句话说,虽然使用黄金作为交易的媒介会限制货币贬值的可能性,但仅仅宣布它将成为基准可能会使其定价不合理。哈耶克很快指出，"即使不通过政府，我们当然也可以做得比'金本位制'更好"[2]。这就是比特币的由来。

黄金价格

自20世纪70年代初布雷顿森林体系结束以来，黄金价格总体呈上涨趋势。

黄金价格在全球金融危机期间飙升，但随后在欧洲主权债务危机后美元走强时下跌。在撰写本书时，黄金价格自2016年初以来一直呈上涨趋势，但仍大幅低于2011年和2012年（图6-1）。

与回归金本位相反的是，20世纪70年代末，哈耶克明确提倡用私人创造的货币来取代政府发行的货币："我们将首次获得一种货币，在这种货币中，发行货币的整个业务只受发行人发行良币的影响。"[4]当然，区块链技术和比特币在20世纪70年代末并不存在。

个人电脑都几乎不存在！

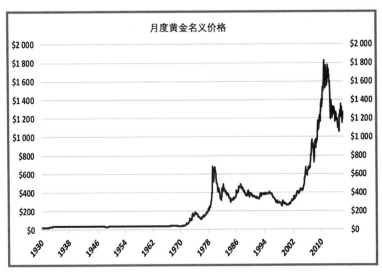

图6-1 月度黄金名义价格[3]

但是，比特币能够符合这一要求——其他区块链支持的数字货币也能够符合这一要求。因此，如果能够确保公众对其货币价值的安全性和可靠性的信任，人们就有可能更加认真地对待这些数字货币。这对比特币来说是一个严峻的挑战，因为比特币电子钱包在过去曾遭到黑客攻击，导致人们对它的价值迅速丧失了信心。此外，比特币也面临监管挑战。

我将在第十六章中进一步讨论这些内容。

与所有市场一样，推动比特币价格上涨的因素有两个：供应和需求。下面的分析来自我在2016年9月完成麻省理工学院金融科技证书课程时所写的论文。

数字货币需求

我们生活在一个前所未有的央行量化宽松政策的不确定时代，这导致央行资产负债表的膨胀。如果对这些——以及未来的——央行政策的担忧不断增加，那么比特币和其他数字加密货币，以及使它们成为可能的区块链技术，很可能为投资者、消费者和个人提供政府生产的货币的替代品。与黄金被视为唯一潜在的保值手段不同的是（这也是不合理的，因为使用黄金作为货币只会使其价值飙升，从而使其无法成为货币的替代品），这些私人货币可以为公众提供货币的替代品。作为对冲货币风险的手段和投资工具，数字货币的低交易成本，以及它们存在于银行业之外的特点，可能使它们在交易中越来越具有吸引力。

数字货币供应

保持比特币和其他数字货币价值的诀窍在于货币供应的限制。比特币是通过一个被称为采矿的奖励过程来创建的,这个过程与比特币支付的交易处理相关联。这与创建一种政府支持的货币非常不同,政府支持的货币只是随意印制更多的货币。

对于比特币和其他数字货币而言,如果能够以避免贬值的方式限制供应,那它将实现哈耶克的梦想——并进一步扰乱政府控制的法定货币体系。

比特币在2016年采取积极行动,对矿工的支出减少了50%。事实证明,这是导致比特币价值在整个2017年大幅上升的一个重要因素。

比特币的未来将更少地取决于理论,更多地取决于安全和监管。但在后布雷顿森林的世界和前所未有的量化宽松时代,比特币和加密货币的理论依据似乎比以往任何时候都更为合理。尽管加密货币可能是一些监管机构的噩梦,但它却是哈耶克曾经的美梦。

第七章
其他加密货币和首次代币发行

比特币并不是唯一的数字货币或加密货币。有许多重要的加密货币,包括以太币、莱特币、瑞波币,还有许多迅速增长的其他加密货币。这其中的许多货币都是通过首次代币发行(ICO)来创造的。

当然,不受政府控制的货币理念并不新鲜。除了哈耶克在20世纪70年代提出的理念外,我遇到了一个更近期的例子,在2017年和2018年的加密货币狂潮之前——2009年,比特币推出后不久。

早在2009年11月,欧洲新闻中心就在布鲁塞尔主办了一场名为"危机报道"的活动。这个活动的焦点是,了解是什么条件导致全球金融危机,以及媒体是如何反应迟缓,导致错过了自大萧条以来最严重的全球经济危机。我以演讲者的身份参加了这次活动,我做了一次题为"未报道的故事"的演讲。我坐在一个讨论关于谁控制了媒体信息的小组中。

这是一场充满见地的活动。最有趣和最让人激动的不是我的演讲,而是加州大学伯克利分校可持续资源中心研究员伯纳德·列特尔的演讲。他的演讲题目是"对货币范式的质疑"[1],重点是关于免费货币。

他将免费货币描述为"与传统货币平行运作的货币,在任何时候都对社会问题和经济问题有用"。[2]他讨论了在乌拉圭和巴西,当地人是如何使用这些免费货币的。

这次演讲发生在比特币创世区块发行 10 个多月后。它也让与会者大吃一惊。

由经济学家、资深记者、政策制定者和金融思想领袖组成的小组认为,很难相信全球金融体系之外的货币会起作用,即使全球金融体系正在崩溃——全球经济面临巨大压力。

会议结束后,一本名为《危机报道:媒体在金融危机中的作用》的同名书发表了我的演讲和这篇关于货币的演讲。[3]它在今天和在 2009 年一样,值得认真考虑。

作为世界顶级货币预测专家之一,我对列特尔的观点很感兴趣。这些专家们也很支持我的观点。

对金融机构,特别是央行的不信任并没有减弱。我在第五章讨论的经济基本要素部分地证明,对央行和我们当前金融体系的担忧不断增强。事实上,全球金融危机对经济的重大影响,以及随之而来的对全球金融体系本质的空前、广泛的怀疑,促使人们对比特币和现有体系之外的替代货币的兴趣逐渐增强。

代币

比特币以外的加密货币通常被称为代币。如图 7-1 所示,随着比特币价格开始上涨,代币的数量也在增加。

一些人们广泛讨论的代币有:2014 年创建的以太币、2012 年首次发布的瑞波币和 2011 年创建的莱特币。

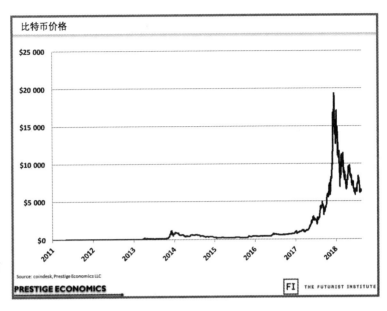

图 7-1 比特币价格[4]

在我看来,以太币和瑞波币可能是最有趣的两种。以太币是最重要的,我们在本章的后面部分看看瑞波币。

以太币之所以有趣,是因为它是一个平台,人们可以在这个平台上创造其他代币。当我想到比特币与以太币的较量时,我不禁想起 20 世纪 70 年代末和 80 年代,Betamax 和 VHS 的盒式录像带技术之争。[5]

VHS 赢得了那场较量——尽管 Betamax 是当时最先进的技术。VHS 获胜的原因是该技术获得广泛许可。

在比特币与以太币的较量中,比特币是 Betamax——比特币之外的任何东西都被认为是代币——的替代品,人们认为比特币是领先的加密货币。

但以太币的功能与 VHS 在盒式录像带之争中的功能类似。使用以太币平台创建新代币相对比较容易。这增加了对以太币的需求,并导致无数其他代币的传播,这些代币通常是通过一个叫作 ICO 的过程发行的,全称为首次代币发行。

首次代币发行——ICO

大多数加密货币、代币以及 ICO 的启动与比特币相同。事实上，ICO 路线图中甚至有一个广泛分布的模因，经常在网上出现，如图 7-2 所示。

图 7-2　ICO 路线图[6]

ICO 过程从一个想法开始，然后人们进行研究。研究结束后，一份白皮书出现了，就像中本聪写的关于比特币的白皮书一样。接下来是 ICO 发行。

相信我，很多人都希望这个发行！

从本质上讲，ICO 就像是小公司——初创公司的首次公开发行。许多 ICO 都表现出显著的超额金融回报。因此，许多投资者期望 ICO 将继续产生巨额回报。

在这里，关于 ICO 发行最有名的理念已经变成一种模因——一种视觉笑话——即 ICO"什么时候暴涨？什么时候能买兰博基尼？"。

什么时候暴涨？ 什么时候能买兰博基尼？

满怀希望的投资者问的 ICO"什么时候暴涨？什么时候能买兰博基尼？"的问题可以理解为：

这个 ICO 的价值什么时候能涨上月球？

我什么时候可以用我微薄的投资买一辆兰博基尼？

加密货币爱好者——即加密货币的忠实粉丝之间经常会有一场关于"什么时候暴涨"的争论，但他们通常指的是 10 000% 的回报率。

凭借如此巨大的潜在回报，以及如此多的资金投入，ICO 数量在 2017 年迅速增长至创纪录水平，如图 7-3 所示。

如上所述，ICO 数量和 ICO 创造的价值的上升，一部分原因与比特币的价格有关，如图 7-4 所示。

当然，那些回报率高达 10 000% 的投资也会带来巨大的风险。我将在第十五章中讨论投资比特币、代币、区块链和 ICO 的一些潜在风险。

近期最大的风险是监管环境的变化，这可能会影响到比特币和代币的使用，以及谁可以参与 ICO。2017 年，已经有禁止向美国人推销 ICO 的禁令。

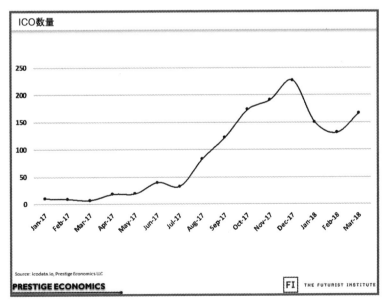

图 7-3　ICO 数量[7]

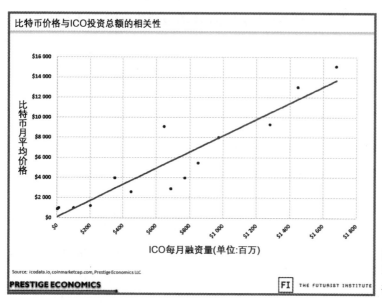

图 7-4 比特币价格与 ICO 投资总额的相关性[8]

实用代币

ICO 主要可以做两件事。首先,它可以用来创建一种新的加密货币,这种货币被明确设计为一种证券,其唯一用途是交易。这就是比特币、以太币、莱特币和许多其他代币的用途。

但 ICO 还可以做第二件事:它可以让公司发行代币,将来某个时候可以作为商业企业的一部分来使用。这些称为实用代币。尽管它们本来是在一个平台上使用的,但人们经常把它们当作证券来交易——而这些平台可能永远不会有结果。

ICO 在 2017 年和 2018 年募集了大量资金,每月平均金额如图 7-5 所示。你还可以在图 7-6 中看到所有 ICO 募集的资金总额,图中显示的峰值与比特币在 2017 年 12 月的价格峰值相吻合。

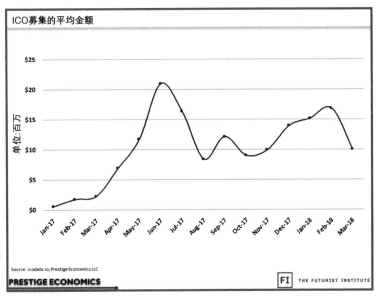

图 7-5 ICO 募集的平均金额[9]

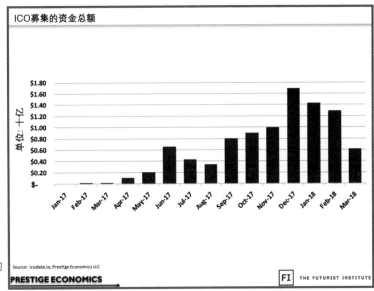

图 7-6 ICO 募集的资金总额[10]

ICO 铸币税

在深入研究与 ICO 相关的监管风险和交易风险之前,我想分享一些 ICO 的类比。你看,创造一种人们可能不会实际消费的货币的理念并不新鲜。

经济学家称之为铸币税。我的一位导师曾经形容这是一些国家印刷货币的能力,而作为印刷好的货币的交换,其他国家会给它们商品。这基本上是所有储备货币的情况,比如美元、日元、欧元和英镑。

从本质上讲,各国将印刷好的货币保存在它们的央行储备中——锁在金库里——而它们自己从不使用这些货币。但诀窍是印钞的国家得到了一些商品作为交换。

ICO 也有类似的情况。

这些代币是凭空创造出来的——通常使用以太币平台——然后人们进行购买、交易,并将它们保存起来。

我们来考虑一个例子:假设有一家公司正计划创建一个人工智能简历编写器。它可能会发行一个有实用代币的 ICO,最终将代币用于支付人工智能简历编写器编写你的简历的费用。当然,简历编写器不需要在首次代币发行(ICO)时就存在,但代币只能在尚未存在的平台上使用,在那里才有真正的用途。毕竟,ICO 是在发行之前,也就是在公司正常运营之前。这就是 ICO 和众筹的相似之处。

众筹的延伸

2012 年美国《就业法案》通过时,它还包含了为两亿人——即美国所有 18 岁以上的人们——提供的投资私营公司的条款。

私营公司是那些你或我可能初创的公司,但它们也可能成长为大公司。本书于 2018 年 8 月出版时,有数十家价值数十亿美元的私营公司。

这里面包括优步、来福和 SpaceX 等私营初创企业,也包括三星、德勤、博世、嘉吉和宜家等知名企业。

当然,《就业法案》并非旨在帮助宜家和优步获得更多资金。它的重点是支持为小型实体提供资金。这种股权融资将来自大众——因此称为股权众筹。人们也把它叫作众筹。

历史上,人们把对私营公司的投资视为高度投机。因此,这不是普通投资者能做的。原因是不安全。但随之而来的是像 Indiegogo 和 Kickstarter 这样的众筹平台的出现,使得企业主能够为未来有望获得回报的项目募集资金。

众筹从最初原本可能出现在古怪的在线网站上的——或者现在已经倒闭的 SkyMall 杂志上的噱头工艺项目和极客科技项目的大众融资扩展到了众筹和众贷的"投资"机会。

这些领域的一大风险是,它们从未经历过经济衰退。在经济困难时期,众筹人群很快就会消失。但这还不是众筹所有者到目前为止面临的最大风险。事实上,对小型私营实体的投资缺乏流动性是一个更大的问题。

你看,《就业法案》要求众筹所有者在出售股票前持有一年。

这就是 ICO 代币的来源。由于《就业法案》阻止了股票众筹投资的退出,投资者找到了一种获得更快流动性的新途径:ICO 代币。通过投资 ICO,可能会有流动性——或者至少比强制持有一年期的投资具有更多的流动性。

科技热潮与股权众筹混合,以及区块链的匿名性和新颖性,共同催生了 ICO 热。而它也激发了人们对投机性投资的巨大兴趣。

迪士尼美元

另一种考虑 ICO 的方式是参考迪士尼美元。

在整个 20 世纪 80 年代和 90 年代,你都可以去迪士尼世界、迪士尼乐园或迪士尼商店购买迪士尼美元。这是一家由公司创造的货币,上面有米奇和米妮老鼠的可爱照片。有些上面是高飞,有些是唐老鸭。但人们可以把它们兑换成真正的美元。你只能在一个地方使用它们——迪士尼实体店。

迪士尼美元有一个固定的汇率——1 迪士尼美元兑换 1 美元。很多人把它们保存起来当作纪念品。事实上,迪士尼美元是在与商场和其他礼品券竞争,这些礼品券在 20 世纪 80 年代和 90 年代还印在纸上。

从本质上讲,迪士尼能够从事铸币税业务。迪士尼印刷这些卡通美元,人们会给它们真正的美元作为交换。但是很多人永远不会花掉迪士尼美元。

它们是一种纪念品。当人们赎回迪士尼美元时,迪士尼将不必交付任何产品,因为很可能不需要。

ICO 有点像迪士尼美元,在一家拥有许多主题公园和商店的财富 100 强迪士尼公司,你可以花掉你的迪士尼美元,然而许多采用 ICO 的公司则永远不会创造任何商品。

从本质上讲,投资者购买的可能是一家永远不会被创造出来的迪士尼世界的迪士尼美元。

Groupon

另一个考虑 ICO 的方法,尤其是考虑到迪士尼美元的类比,是它们有点像永远不会建造商店的 Groupon。

Groupon 是一种预付优惠券,类似于礼品券,这种优惠券在 21 世纪的头 20 年流行起来。作为众筹延伸的 ICO 代币和实用代币,也可以看作与 Groupon 类似。

当然，最大的区别是，这家公司可能永远不会有结果。尤其在附加监管的预期下，更是如此。可能在某个时候你将无法交易这些代币。

然后，你将会被 21 世纪 10 年代的数字百事通礼品卡套牢。

正如我将在第十六章中进一步讨论的，投资 ICO 和加密货币存在重大风险。此外，有一个不断变化的监管框架，旨在提高针对由代币和代币交易资助的欺诈、非法和其他颠覆性活动的透明性和控制能力。它将对这类投资的未来产生重大影响。

监管事项的变化

2018 年，美国在全球监管框架和指导方针上的变化显著影响了 ICO 的增长速度和价值。在图 7-5 和图 7-6 中，你可以看到 2017 年 ICO 有多强劲，但 2018 年 ICO 的增长速度急剧放缓。

在短短几个月的时间里，金融机构、银行和信用卡公司不再允许它们的信用卡用于购买比特币和其他加密货币。甚至 Facebook 和 Google 也禁止加密货币和比特币的广告。

2017 年我也在为一项 ICO 而工作，但 2017 年 7 月和 8 月迅速变化的监管环境扼杀了这个项目。当时我正在进行的项目中有一个团队试图创建一个高价值的聊天机器人和人工智能项目，但并不是所有的 ICO 都有价值。

事实上，ICO 已经成为许多骗局的源头。而且也不能保证一个获得资金的 ICO 真的会做任何事情。

这些风险是巨大的，在 ICO 领域的大量诈骗导致另一个视觉笑话的产生——另一个模因。它就是我所说的"ICO 毁灭路线图"，如图 7-7 所示。在这个图中，ICO 通常从一个想

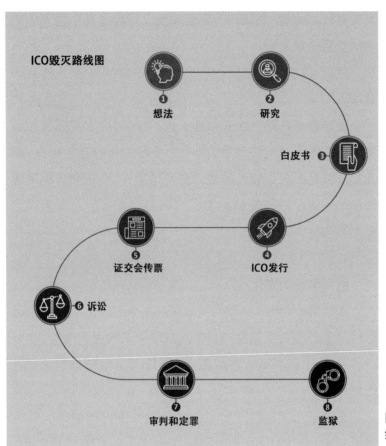

图 7-7　ICO 毁灭路线图[11]

法、研究、白皮书和发行开始。但由于这个项目的不诚实或欺诈的本质,它将很快产生证交会和法律的后果。

瑞波币

在本章的前面,我提到有两种主要的加密货币令我感兴趣。刚才我花了大量时间讨论以太币、ICO 和边缘加密货币活动,现在我们需要讨论瑞波币——一种希望能在当前金融体系及其监管框架内运作的代币。

与比特币和以太币寻求在当前金融体系之外运作不同,

瑞波币之所以有趣，是因为它寻求在 SWIFT 国际银行体系内开展业务，作为一种改进外汇交易的手段。

我觉得这个理念非常有趣，可能是因为这是我 2016 年在麻省理工学院学习金融科技时创建的一家初创公司的宗旨。我创建的名叫 Hedgefly 的公司，使用比特币及在其后端的区块链技术原理，以减少未来旅行者的外汇风险。作为一个经常出国工作的人，我想解决我经常遇到的一个问题——个人和中小企业的外汇交易成本相对较高。由一个源于班级项目的想法发展成为一家真正的公司。

不幸的是，由于比特币的波动性大大超过了大多数主要货币的汇率波动性，比特币不再是管理和降低跨货币的外汇风险的可行手段。此外，其他的解决方案也开始流行。虽然 Hedgefly 失败了，但瑞波币率先推动了对效率低下、成本高昂的国际外汇支付市场的颠覆。

第八章

波西米亚比特币

2018年8月初的某一天，我在捷克共和国的波希米亚。令我非常宽容又可爱的妻子偶尔感到懊恼的是，我在度假时偶尔会查看我的推特和LinkedIn上的订阅文章。在波希米亚的这一天，我看到了两个故事。

我的订阅中的第一篇文章是一个好朋友写的，他是新任命的纽约证券交易所副主席，他写的文章是关于纽约证券交易所希望使比特币合法，并能在每个人的养老保险中使用。

第二篇文章指出，高盛集团表示，比特币的价值将会下降。

当我沉浸在思考华尔街和全球金融集团这两个机构为何对比特币持有如此明显对立的观点时，橱窗里的一个标志吸引了我的目光。挂在苦艾酒酒吧门口的标志显示它们接受比特币付款（图8-1）。

碰巧这是我在捷克的四天时间里见过的唯一一家接受比特币付款的店。令我觉得很奇怪的是，与美国法律毫不相干的东西，比如苦艾酒，能接受比特币付款。

图 8-1 波希米亚的比特币

但并非所有地方都像波希米亚,也不是所有波希米亚人都会接受比特币付款。事实上,在布拉格,即便在 2018 年,许多商家都拒绝接受信用卡付款。

近年来,捷克货币出现了一些重大变化。虽然捷克共和国是欧盟的一部分,但它不是欧洲货币联盟的一部分。这意味着它不使用欧元。事实上,它使用捷克克朗。现在,所有的商品都是以克朗为单位的,但是直到 20 世纪中后期,另一种叫作哈勒鲁的货币也在流通,交易价格是每克朗换 100 哈勒鲁。商品已经完全不再使用这些价值较低的铝制硬币作为价格单位。

我不知道这个变化,我带了以前去布拉格旅行时用的钱。这意味着我这一袋铝制捷克硬币,2002年很值钱,2005年就不那么值钱了,而现在随着价格单位变为克朗,这袋硬币已经无法花出去了。

但是,尽管硬币的使用发生了变化,你仍然需要现金。布拉格现在是一个以游客为主的城市,但不是所有地方都能使用信用卡。你经常需要现金。

我思来想去,需要现金而不使用信用卡或我以前的哈勒鲁是不可能的。然而,使用比特币的前景是非常广阔的。在布拉格付款显然是一种折磨。

我想知道的是,在波希米亚用比特币付款买东西是否会造成克朗的价格上涨——以及是否会导致某些克朗硬币进一步变更面值,或未来废弃不用。

或者那些对比特币感到兴奋的人是否会发现所有的小数都让人感到困惑。比特币用户会不会仅根据日常交易规模,就认为这些零星的利益几乎一文不值?

毕竟,需要让人们所有的付出最后获得等值的回报。现在,这一点却几乎是不合理的。如果一个比特币的价值能达到一个神话般的数字,比如10万美元,那会是什么情况?你真的会用0.000 01比特币去买一瓶1美元的水吗?

人们对这样一个数字有概念吗?

也许对比特币持有者来说这很好,因为他或她不会在意。这是一个舍入误差。但这种情况可能有两个后果:

1. 供应商可能会提高日用品的比特币价格,这可能会造成通货膨胀。

2. 供应商将继续使用克朗,从计算角度来看实际上克朗更容易使用。

不相信我？来看以下这两个例子：

在20世纪20年代早期魏玛德国的恶性通货膨胀之后，德国的地租马克以1万亿比1的汇率换成了新的德国马克。[1]

另一个例子，2018年8月，委内瑞拉将其货币玻利瓦尔贬值5个零，汇率为10万比1。

重新变更这些货币的面值是为了便于计算和理解。[2]

展望未来

目前，即便在波希米亚，比特币也是小众的，现金仍然是主流。货币作为一种交换媒介的实用性不可能会被有大量小数的交易所取代。

这整个经历让我想起了一次坐飞机，当时我坐在一家世界上最大的自动取款机安装公司的销售主管旁边——我在《机器人的工作》一书中更详细地讲述了这个故事。这位高管告诉我，现金对于低端收入人群的预算是至关重要的，在未来很长一段时间内，现金对社会的某些部分可能仍然至关重要。

在美国，你可以在几周内不需要现金，但在捷克共和国，不用现金你几乎过不了几个小时。毕竟，每个洗手间都要求你付钱，而且人们除了现金什么都不带。你不可能在公厕使用比特币！

那么，比特币会在一个使用现金的地方超越信用卡吗？不可能。它更有可能成为吸引时髦游客的苦艾酒酒吧的庸俗氛围的一部分，而不会是面对新的未来和新兴的经济现实。

此外，我也无法想象一家苦艾酒酒吧的门上有十几个不同的加密货币图标。一个就足以吸引眼球了。你在任何地方似乎都不可能会看到接受很多不同的加密货币的情况。一两种加密货币可能会胜出，但具体是哪一个还不能确定。有可能是比特币。

但也有很多重要理由认为不是比特币。

第九章
虎胆龙威与加密货币

也许是因为中本聪这个名字是假的,听起来像日语。也许是因为人们使用加密货币进行匿名的交易,它让我想起了另一个听起来像日语的假名字:Nakatomi Plaza。

这也不是一个现实中的地方。它是第一部《虎胆龙威》电影里的地方——电影中的反派,由艾伦·里克曼扮演的盗贼及恐怖分子汉斯·格鲁博,正试图盗窃无记名债券。

那么什么是无记名债券?

好吧,这才是真正有趣的部分:无记名债券是一种已经不存在的债券。它们之所以被称为无记名债券,是因为它们属于持有它们的人。

如果它们在你手里,它们就属于你。如果它们不在你手里,它们就不属于你。

图 9-1 所示的是美国无记名债券。

无记名债券于 19 世纪下半叶首次在美国发行,1982 年停止发行。[1] 今天,它们几乎绝迹了。原因是什么?反洗钱。

图 9-1 美国政府无记名债券[2]

大多数金融界人士都知道，反洗钱（AML）是政府和金融机构采取的一系列法律举措，旨在通过使资金难以转移、藏匿和以其他方式使用，来阻止恐怖分子、犯罪分子和其他坏人的行动。

为什么这些债券让洗钱变得如此方便？因为这些债券属于持有它们的人而无需交易账户，或电子、纸质记录即可赎回，它们可以无法追踪的方式进行买卖和交易。

这意味着无记名债券可以用于洗钱和其他各种罪恶的活动。这就是《虎胆龙威》电影中的反派想要得到它们的原因，因为它们无法被追踪，可以用于非法活动。

如果没有任何记录，人们很容易把无记名债券用于非法交易，而不必担心被发现，因为你不需要进入美国大通银行分行或登录你的富达交易账户来买卖它们。你可以——完全按照字面意思——拿着一箱钱并把它交给犯罪分子或恐怖分子,作为交换,他们会给你无记名债券。

那么,为什么无记名债券让我想到比特币和《虎胆龙威》之间的关系呢?

很简单。

比特币和其他加密货币可以匿名使用,不用露面,匿名。它们是数字无记名债券。

和之前的无记名债券实物一样,这些数字无记名债券只属于拥有数字密钥的人。它们也可以用于罪恶的目的。

但是,尽管由于反洗钱举措,无记名债券几乎绝迹,但加密货币的监管却严重滞后。比特币和加密货币正在兴起,尽管使用它们很容易违反反洗钱法,但它们在大多数国家并没有被取缔。

当然,加密货币具有讽刺意味的是,非政府货币的理念始于奥地利经济学家和自由市场的自由主义者们的愿景。

然而,尽管这些自由主义者可能会赞扬在政府监管之外操作货币的自由,但如果他们的比特币被盗,他们求助时,肯定会给警察局和联邦调查局打第一个电话。但这将是徒劳的。毕竟,尽管账簿上的交易记录是永久性的,但由于加密货币的匿名性,它们无法被追踪。

因此,正如加密货币所带来的自由是经济理论梦想的典范一样,世界上的汉斯·格鲁博们——包括 ISIS 组织、无政府主义者、政治颠覆者、有组织的犯罪分子和其他数字黑社会——为这些梦想的无知和天真感到欣喜万分。

第十章
最后一枚比特币

比特币粉丝们津津乐道的一件事是比特币的供应有限，总共只有2 100万枚。[1]到目前为止，已经被挖掘开采了1 700万枚。[2]

这一总数量是由中本聪提出的，强调了稳健货币政策的重要性。从理论上讲，它与我在第五章详细讨论的央行量化宽松政策截然相反。

大规模印刷货币和不断扩大的央行资产负债表，给美元、欧元、日元、英镑和许多其他政府控制的法定货币带来了贬值的风险。

然而，比特币可能面临着类似的浮士德式交易。

你看，在这种情况下，能够揭示一切的核心问题是，我们会走到最后一枚比特币这一天吗？[3]

比特币峰值

关于比特币，情况是这样的：随着比特币的数量无法避免地达到最大值，矿工们可能会放弃比特币，类似地，比特币也可能失去其市场性和价值。

价格可能会上涨一段时间,但随后变得一文不值。

这就像是无法避免的石油的终结,一个被人们称为石油峰值的理念。你看过 1979 年的老版电影《疯狂的麦克斯》吗?这部电影及其后续系列的重要主题是,在一个缺乏自然资源但却有着暴力公路文化的后世界末日里,寻找最后一加仑汽油。

作为一个花了 15 年时间报道石油市场、预测油价、出席欧佩克(OPEC)会议的人,我知道我们永远不会走到最后一桶石油这一天。

永远不会。

原因是一旦金融市场开始在实际石油供应峰值定价,需求将受到价格的驱动,转而更加充分地拥抱另一种形式的运输能源。我们还远未到这一天。毕竟,液态烃是历史上最有效和最方便运输的一种能源形式。而且还是比较便宜的。在美国,汽油的价格大约是欧洲的一半。[4]

现在我知道,有些人读了本书可能会表示反对,说电动汽车是迫在眉睫的必然。但我向你保证,它们并没有迫在眉睫。油价仍然太低。

事实上,电动汽车的前景相当一般。美国能源部的预测显示,到 2050 年,只有 12% 的销售新车可能是电动的。[5]

但最终原油价格和汽油价格将会高得多。而当它们的价格变得如此高时,交通能源的原料将会改变。市场将会适应。但在低油价的环境下,刺激因素并不存在。

当变化来临时,我们将不会需要最后一加仑汽油。我们会在石油耗尽前几十年就停止使用它。石油将被遗弃到没有人关心最后一桶石油的地步,因为石油将不会再有任何用处。

在某个时候,由于比特币的供应量有限,我们也可能达到比特币峰值。在比特币达到第2 100万枚的时候,没有哪个矿工会有动力去处理散列拼图和到那时大小达数万亿字节(TB)的文件。

随着2 100万枚上限的临近,矿工们将发现,他们不会得到任何报酬,也不会从新比特币中获得任何挖矿奖励。这意味着,他们可能在不到2 100万枚时就停止开采比特币来进行交易。没有报酬就意味着可能没有人会去挖矿。所以,就像石油一样,我们可能永远都到不了最后一枚比特币这一天。矿工们可能会转而投向其他加密货币。

当最后一枚比特币被作为奖励发放后,就没有办法买卖比特币了。它作为交换媒介的用途将与它作为保值手段的终结而一起结束。毕竟,如果某件东西不能被转让,那么它的价值只有情感上的。

我妈妈收集了她的豆豆公仔,在每年的节日里都展示出来,我还和我爸爸一起收集了80年代末的棒球卡留作纪念。

但我对任何为了反乌托邦而爆发出无政府主义的自由主义者表示怀疑,如果他们希望在世界经济和所有法定货币不再有用的时候,用他们的比特币购买一辆兰博基尼,他们会出于情感价值和子孙后代的原因,把比特币的加密密钥镶在壁炉上方或孩子们的走廊上。

另一种选择

比特币峰值可能会使比特币用户、投资者和矿工们离开。但比特币峰值并不是唯一可能的发展方向。还有一种可能是我在本章前面提到过的浮士德式交易。这点非同寻常。

比特币峰值很容易避免,因为它不是必然结果。唯一需要做的就是让中本聪增加比特币的供应量。

比特币仍然可以使用。它会让矿工们继续开采。

而此举背后的逻辑是,尽管比特币将会做和世界历史上所有其他货币发行方一样的事情——使该货币贬值并增加供应量——这样做很好。这样做是正确的。

是的,正确。

创建比特币的人可能不叫中本聪。他甚至不大可能是一个人。但他是否应该比建立多年的民主政府的央行更值得信任?

我不相信。

如果中本聪真的将他的数字无记名债券商业化并增加供应量,从而使其贬值,这将证明比特币是一种具有不同交易记录保存方式和独特兑换协议的货币。但它将不再是一种具有限制供应和维持保值手段的独特协议的货币。

这就是比特币可能被迫达成的浮士德式交易:

比特币峰值或比特币贬值。

这两种情况都不可能对比特币的价格有利,但至少在抛售时期,人们可以抛售比特币,或者继续将其作为有用的交换媒介。然而,在比特币峰值时期,那些不管发生什么都计划持有的人可能会被这些没人想要的稀有物品套牢。

就像豆豆公仔一样。

或者就像那最后一桶原油。

第十一章
太大了难以成功

比特币和其他区块链面临的一个最大风险是膨胀。虽然区块链是跟踪每一笔交易的好办法,但它的文件大小不会小。

比特币尤其如此,它已经存在了近十年。国际清算银行在 2018 年 6 月的报告里指出,比特币区块链当时约为 170 GB,并且正以每年 50 GB 的速度继续增长。[1]

比特币区块链的规模不断膨胀的主要影响是,它会减缓交易进程,并限制在单位时间内可处理的交易数量。

国际清算银行是各国央行的央行。而膨胀只是国际清算银行在加密货币方面遇到的问题之一。加密货币的高能源需求、欺诈风险以及避免直接监管的能力,都是国际清算银行遇到的问题。

我将在第十六章中讨论这其中的一些问题,我们将讨论加密货币面临的一些主要挑战,以及这一领域的潜在投资者们面临的一些最大威胁。

就使用区块链或加密货币的有效性来说,每秒的交易数是一个需要评估的关键指标。图 11-1 中显示的是,在不同支付平台上每秒的交易数。如图所示,信用卡公司Visa以每秒24 000笔交易的速度彻底击败了竞争对手。同时,我在第七章中讨论的瑞波币达到了每秒1 500笔交易。此外,受人喜爱的加密货币——以太币每秒只有20笔交易。比特币以每秒7笔的交易速度垫底。相比之下,这个速度是非常缓慢的。

当我们考虑区块链的可能的权衡时,在速度和完整性之间有一个明显的折中。所有交易都是正确的,这一点很重要,因为在区块链中没有办法取消交易。

这与通常为客户提供购买保护的信用卡公司截然不同。换句话说,通过信用卡购买的交易可以取消。相信我,我很感激这种信用卡保护。

当我2013年买房子的时候,我雇用了承包商来做装修工作。他们没有完成。在我买房子时和装修后,验房师都对房子进行了评估,用他的话来说,房子看起来"更像是遭到了破坏,而不是装修"。他说在他40年的从业经验中,这是他见过的10个最差的承包商工作之一。

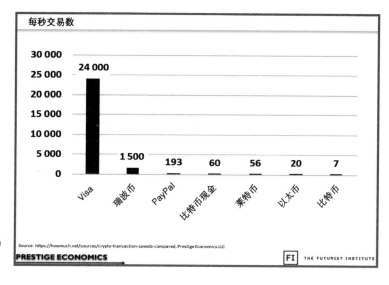

图11-1 每秒交易数[2]

幸运的是,我用信用卡支付了承包商的工作费用;我的信用卡公司还给了我一大笔钱,来补偿未完成的工作和由于承包商工作不善而导致的火灾隐患维修。

幸好我没有用比特币来支付这份装修工作!那样的话我的钱早就没了。它会永远在那本账簿上——离创世区块有段距离。即使承包商的表现不好,也不会有补救办法了。

大多数因为购买到次品而退货的人可能会把轻松地从商店获得信用卡退款当成是理所当然的。

我有次甚至碰到不小心把电汇转到错误账户上的情况。一位客户误把路由号码当成了银行账号。如果是用以太币或莱特币转账的,这笔钱将永远消失——永远铭刻在区块链上。

这和比特币的情况是一样的!交易是永久的。结束了,钱没了。

顺便说一句,祝你好运,希望你能从刚刚拿到钱的匿名陌生人那把钱拿回来!

在第八章中,我谈到了现金的价值——以及一个完全没有现金的社会中的潜在困难。现在,当我们考虑无现金的可能性时,认识到物理上的挑战和现实也是十分重要的,即目前形式的加密货币并不是替代现金的最佳交换媒介。

这是一个简单的技术问题。交易处理速度不够快。我经常听说,每个人最大的弱点是他们最大的优点。他们最大的优点也是他们的弱点。对于比特币来说,交易的公开性、永久性和安全性是优势,伴随的劣势是文件膨胀和每秒有限的交易数。

这就是为什么作为交换媒介,比特币和其他加密货币可能太大了难以成功——即便它们可以用作我在第九章中所指的保值手段或数字无记名债券。

第十二章

虚假新闻与加密货币

新闻业已经成为我职业生涯中出乎意料的一部分。2004年,我首次以经济学家的身份接受了平面媒体和电台的采访。随后不久,从2005年开始,我接受了网络上的电视采访,成为美国彭博电视台的电视节目嘉宾,这种情况一直持续到现在。我甚至偶尔会为彭博社写专栏。

作为媒体来源和广播电台人物,我受邀在2009年底欧洲新闻中心的活动上讨论媒体应对金融危机的方法,在这次活动中,我第一次听到了免费货币的想法。

我为未来研究所制作完课程后,国防部于2017年12月邀请我飞到佛罗里达州坦帕市谈论虚假新闻。我的演讲题目是"虚假新闻的未来:内容营销、点击过滤与反恐",与会者是来自北约国家的高级政府和军事官员。

这次活动是高级心理行动官员联合会议。重点是社交媒体上的错误信息和虚假信息是如何在政治议题上操纵民众的。

我的演讲有三个要点:

1. 内容营销

无数实体正在通过生产内容来驱动流量。因为有太多不同的人和实体正在生产内容，所以人们通常很难分辨什么是好的内容，什么是垃圾内容。以前，所有人都知道超市收银台上关于外星人会见总统和臭名昭著的蝙蝠男孩的杂志是假的，这样的日子一去不复返了。

2. 点击过滤

公司通过过滤来推动潜在客户成为他们品牌的忠实追随者和推广者，但他们不在乎在营销活动中失去多少客户，他们只关心能够得到一些客户。恐怖分子和颠覆分子使用的也是这种策略。

3. 加密货币

恐怖分子、无政府主义者和政治颠覆实体可以利用社交媒体来提升他们的形象并散播他们的信息。他们还可以用无法追踪的加密货币为他们的活动提供资金。间谍和恐怖分子需要走私钻石、金条或成箱现金的日子一去不复返了。现在，他们可以使用加密货币轻松地洗钱，我在第十六章中讨论了这一点，并在图 16-1 中进行了演示。

Facebook 收下了所有的钱

当我在 2017 年 12 月初发表演讲的同时，很明显，在 2016 年美国总统大选期间，Facebook 和其他社交媒体被用作俄罗斯心理战的一部分。

很明显它们收钱了。

如果世界上除了社交媒体以外有一家媒体公司是外国心理战的受害者，它们都不会收下这些钱。《纽约时报》、彭博社、福克斯商业、微软全国广播公司,甚至地方报纸都不会收下这笔钱——至少不是全部。他们可能会道歉,然后他们几乎肯定会把钱捐给(或创建)一家慈善机构。

但 Facebook 没有。

Facebook 收下了这笔钱。

在我的演讲中,我强调了监管、监督和打击加密货币的必要性。我并不是唯一一个处置国家安全风险的人。对这些问题的认识才刚刚在当时的高层传开,但很明显,大变革即将到来。在坦帕的演讲后,我在 2017 年末提醒我们的客户,关于即将到来的潜在监管和对加密货币迫在眉睫的打击。当时,比特币和许多加密货币的价格都接近历史最高点。但是,越来越清楚的是,坏人们是如何将加密货币用于罪恶目的的。

自从我在坦帕的演讲以来,全球主要实体都对加密货币及其游离于法律之外的本质发出了类似的警告。国际货币基金组织总裁克里斯蒂娜·拉加德在 2018 年 4 月 26 日召开的题为"恐怖主义募资:打击基地组织和 ISIS 组织的另一场战争"的会议上指出:

> 打击恐怖主义募资工作的有效性仍然面临挑战。包括提高我们对恐怖主义募资风险的认识,更好地利用金融情报,以及加强国内和国际合作。金融科技是会议期间探讨的另一个领域。加密资产的匿名性会促进和资助恐怖主义。但如果有效地发挥其杠杆作用,金融科技也可以成为打击恐怖主义及其募资的有力工具。[1]

国际清算银行在 2018 年 6 月指出:

> 加密货币缺乏一个可以纳入监管范围的法律实体或个人。加密货币在它们自己的数字的、无国界的领域里,可以在很大程度上独立于现有的机构环境或其他基础设施而发

挥作用。它们的合法住地——可能在海外，或者无法建立起来。因此，它们只能受到间接监管。[2]

最终的结论是，加密货币存在于法律框架之外，其匿名性有助于恐怖主义募资。

第十三章
除加密货币外：区块链的企业价值

区块链的潜在影响比大多数人想象得要大，但远没有一些人想象得那么大。虽然许多人认为区块链仅仅是加密货币，但它只是冰山一角。这是2017年3月我在SXSW大会上所做演讲的核心思想。

对企业供应链——物流、运输和货运——的影响将是巨大的。还有一些其他行业，比如金融和农业，在这些行业里，所有权的监管和良好的记录保存可能会为区块链提供重要的价值。

毕竟，区块链允许永久性的分布式账簿，如果用于私人、商业领域，它可以为来源、内容和保管提供即时透明度，而这通常是冲突矿产、化学成分或贸易的监管框架所要求的。从公共健康和安全的角度来看，这种透明度具有重要价值，例如农产品和食品安全。

在许多不同行业和企业领域里，区块链增加经济价值方面的潜力巨大。但在不同行业的潜力并不一样。它最大的价值是在需要缓解供应链和风险，以及存在健康和安全问题的行业领域。

过渡资产是最大的用例

使用区块链来记录长期资产的价值要低于流动资产。无论我们讨论的是经常在投资、市场和各方之间流动的金融资产,还是实际流动或处于流动中的资产,这个理论都是正确的。这对未来研究所所做的区块链使用潜力评估产生了影响,如图 13-1 所示。

除了驱动区块链用例和价值的流动因素外,出于现有的监管要求和法律框架的原因——尤其是美国,区块链在一些行业的潜在用途也存在限制,这一点我将在第十四章中探讨。这就是区块链在医疗、不动产和政府数据中的使用可能比农产品、运输与物流以及金融服务业中的使用更为有限的原因。

区块链的商业结构

正如我在第四章中所讨论的,区块链可以定制。从实际

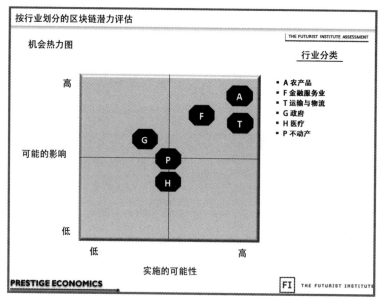

图 13-1 按行业划分的区块链潜力评估

实现的意义上讲，需要做出的主要选择如图 13-2 所示。包括选择谁可以访问区块链，以及谁可以写入和使用交易记录。

图 13-2 是基于麦肯锡区块链报告中提出的框架。报告的主题——我也同意这一论点——是区块链的商业用例很可能会促进需要特殊许可的私有区块链商业偏好。

我经常提到，区块链是一种具有专门权限的数据库技术。这意味着，虽然可能存在一个永久的、分布式的交易记录，但并不是每个人都能看到或访问这些交易记录，使用区块链需要专门的许可。麦肯锡的报告指出，这种类型的区块链具有极高的可扩展性。我同意这个观点。

当对谁可以使用数据库存在限制时，扩展数据库使用能力是最简单的。区块链也存在重要的权衡。所需的计算能力、成本和能源将由加密货币的复杂性、交易量和速度所决定。

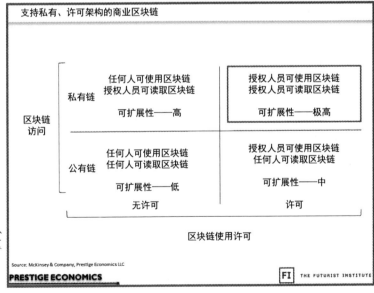

图 13-2 支持私有、许可架构的商业区块链[1]

存在使用限制的私有区块链需要的电力、计算机处理性能和时间可能比像比特币这样的公有的、无许可的区块链要少得多。

金融领域的区块链颠覆

我写的《机器人的工作》一书中的主题是金融科技存在颠覆金融服务业的潜力这一理念。对区块链来说,这仍然是一个关键问题。与区块链使用的其他高价值的领域一样,大多数金融服务是基于交易的,而不是与长期资产挂钩。

毕竟,像股票这样的金融资产的交易和流转通常比房子或土地更频繁。此外,由于金融交易的流动性、误用的可能以及这些资产的透明价值,监管部门需要对其进行跟踪。

这就是区块链在金融领域有重要价值和用例的原因。

Autonomous Research 金融研究公司和 Procensus 技术咨询公司就区块链对高级领域的颠覆预期面向投资者和投资专业人士进行了调查。根据受调查的 43% 的投资者和 39% 的业内专业人士反映,清算与结算有望成为最有可能首先被区块链颠覆的金融领域。[2] 另外三类包括跨境支付、移动支付和信托。这些回复反映了区块链的颠覆预期对金融服务领域的重要性,特别是对转移和跟踪资金的重要性。

我认为,这一结果可能是由于区块链中更透明的数据有利于更快速或更容易的清算与结算过程,该过程有时会出现冻结资金和延迟付款的情况。换句话说,使用区块链可以加速资金转移的能力。此外,支付类别也涉及资金的转移。尽管信托的重点是所有权,但它也会对资金转移的能力造成影响。简而言之,这项调查反映了区块链对流动资金和金融记录的颠覆方面的预期。

未来研究所的金融服务评估

作为未来研究所的主席,我对跨行业区块链中的企业和商业机会进行了分析和研究。概览如图 13-1 所示。

在图 13-3 中,我展示了未来研究所对区块链在金融服务中的潜在用途评估。我们认为,总的来说区块链使用的最具潜力和最大可能性的领域是贸易金融和 B2B 支付领域。从金融记录保存和商业的角度来看,这反映了人们对商业交易的重视,认为商业交易是最高价值和最重要的。换言之,在这些领域使用区块链可能会给大型实体以及整个经济带来巨大的价值。

从监督和监管的角度来看,我们认为在交易监管中实施区块链的潜力很大。然而,这并不是我认为的对经济有高价值的活动。毕竟,这是监督和监管层面,不一定有助于提高商业的运营投资回报率。然而,减少欺诈方面的潜力可以产生价值。

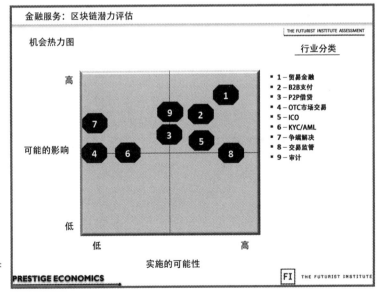

图 13-3 金融服务:区块链潜力评估

我们估计，金融服务潜力较低的领域是在更复杂的金融市场，如场外交易市场（Over-the-counter，OTC）。在许多情况下，注释和跟踪复杂的金融结构可能会变得很麻烦。毕竟，金融交易所是非常复杂的，如果这些现货交易对交易所来说过于复杂，那么它们似乎需要大量的手工操作，在这种情况下，区块链可能不会有多大作用。另外，由于这些交易都比较少见，对金融服务业或整体经济的影响可能不大。

人们也可能把区块链用于其他一些领域。但图 13-3 所示的是我们对 ICO 使用区块链的评估。尽管区块链作为加密货币的驱动技术，与加密货币有着内在的联系，但首次代币发行的监管风险对金融收益构成了潜在的限制。

ICO 通常被描述为尚未盈利的首次公开发行（Initial Public Offering，IPO），它可能会受到更多的监管，监管将阻碍或扼杀 ICO——以及在执行过程中使用的区块链。

未来研究所的运输和物流评估

当谈到区块链的使用和潜力时，金融业得到了很多关注。但据我们估计，运输、物流和货运是采用区块链的潜力最大的领域，也是为商业利益和经济创造最大潜在增值的来源。

我们在两大块领域看到了运输和物流的区块链用例：增加物理运输和货物交易的便利性与合规性。这两者都依赖于保持一条干净的监管链，以及有能够容易证明有关货物内容和来源的记录。

运输业、物流业和货运业是被经济学家称为高度交易摩擦的行业。这意味着需要大量的文书工作和费用来促进贸易和货物的实际流动与交易。对于区块链来说，这是一个理想的用例，它提供了一个分布式记录，可以在预定义的网络中进行设置,以缓解和减少交易摩擦。总的来说,它将使货物的运输和交易更快、更便宜。

与金融一样,运输、物流和货运的交易也很频繁。这与物理属性的转移形成了鲜明的对比。这一点与我们的观点相符,即区块链最大的潜在用例和价值来源将出现在交易数量大的行业(图13-4)。

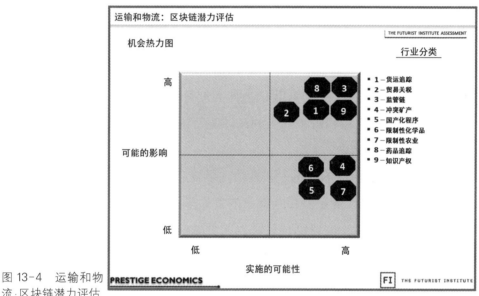

图13-4 运输和物流:区块链潜力评估

此外,与金融一样,货运和运输的某些方面也受到管制。对于某些化学品和冲突矿产的生产限制尤其如此。另外,对于供应链中的一些高价值商品,如药品、某些制成品(比如向增量零件)和军用武器,假冒是一个严重的问题。还有高科技产品,比如智能手机。使用区块链可以提高这些供应链的透明度,减少潜在的欺诈,提高安全性,并为公司节省资金。

未来研究所的农业评估

区块链使用潜力的一个最大产业是农业领域。与金融和运输领域一样,农业领域的用例和价值与交易频次相关。

当然,区块链不能帮助你更快地挤牛奶或者种植玉米。但是,通过了解食品的监管,以及建立一条透明的供应链来促进贸易和交易,对追踪食品的来源来说很可能是十分重要的。

农业区块链的高公共价值和经济价值是高度记录在案的。每次出现某种食品污染,因为不清楚受影响产品的确切来源,将会发展成为全国性的危机。

在我看来,这太荒谬了。如果我可以追踪我在网上订购的每一瓶洗发水或每一袋狗粮,我们为什么没有开始追踪每一袋沙拉、每一盒麦片和每个鸡蛋的来源呢?说实在的,为什么我们还没有这么做?

对食品来源透明度的缺乏令人震惊。早就应该就位了。但即使我们对这种严重影响公共健康的食品来源追踪的重大疏忽不置可否,食品追踪也有其巨大的金融价值。毕竟,每次出现大肠杆菌污染的食品问题时,价值数百万美元的食品都会被简单地丢弃掉。

这在很多层面来说都是浪费。区块链可以有助于改善食品安全风险和金融损失风险。图 13-5 所示的是未来研究所对农业和区块链的期望。

关于风险的一个警告

关于区块链的企业应用,我有一个警告。区块链并不是对所涉及产品的 100% 保证。网络中的参与者仍然需要诚实和道德地做事情。如果系统中有人是坏人,仍然会产生不利的经济后果。如果我们完全信任区块链,后果可能会比我们目前的系统更严重。

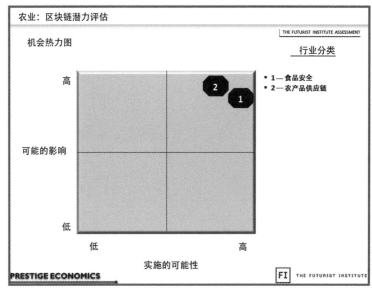

图 13-5 农业:区块链潜力评估

这并不意味着我们不应该使用区块链。我们应该,因为区块链有价值,它可以改善记录保存,减少交易频率,并对公共健康做出积极贡献。

但我们需要记住每个系统中都存在的人类风险因素。我会在第十六章中进一步讨论这个问题。

第十四章
行业区块链的实践限制

在某些方面,区块链似乎是一种为交易量大、有追踪监管和安全要求的行业(如金融、运输、物流以及农业)定制的技术。但这些并不是区块链可能拥有高价值用例的全部行业,即使它们可能是最直接的。

由于交易量低或现有的监管要求和法律框架,采用区块链来为行业增值的其他行业可能面临挑战。在美国,这些行业包括房地产、政府和医疗等。

为这些行业构建区块链网络,会带来一些重大问题,通常是法律约束和法规方面的。其中最大的一点是可能发生永久性的、无法撤销的交易。

未来研究所的房地产评估

也许你听说过一种说法,即十分之九的法律是有关房地产的。对于区块链来说,与许多其他行业相比,追踪这些交易会带来巨大的价值。这就是为什么房地产转让对区块链来说可能是一个挑战。毕竟,区块链交易的法律持久性对物流和金融监管链是一个巨大的利好,但事实可能证明,它是实物房地产转让的一场噩梦。毕竟,法院如何才能解除永久记录的交易?

区块链的房地产价值的第一步是成为一本数字的、永久性的《土地调查书》,把土地都登记在上面。等所有房地产都完成了电子方式的登记,才可以进行房地产交易。

但区块链在房地产领域的其他应用可能进展缓慢。这也是为什么房地产有时显得过时的原因:效率低以及杂乱无章的房地产记录系统。只有合并所有记录才能保证所有权。这可能需要很长时间。

区块链专家喜欢谈论使用数字区块链来轻松地进行房地产交易的潜力。但这一理念也存在重大风险。毕竟,房地产的历史所有权可能不清楚,这是有风险的。它可能导致法律问题,这就是为什么许多人会购买所有权保险。

有了区块链,所有权的转移将作为永久记录存在于账簿上。这意味着,交易变更将不像在纸面或数字记录中添加一项修改附录或其他协议那样简单。毕竟,区块链是永久性的。这意味着,虽然未来的不动产转让可以通过区块链变得更加容易,但在存在问题的交易中,可能会变得更加棘手。

与股票交易、国际支付或运输的区块链使用相比,房地产和不动产交易通常是复杂的、高价值的,而且交易不太频繁,不足以让人们在未来一段时间内都处于交易过程中。对于非常复杂的跨境交易和小额投资来说尤其如此。在这些领域,由于潜在的高度复杂性,似乎不可能使用区块链。

至于租赁,这是一个似乎完全不需要区块链的领域。记住,构建区块链并在它上面进行交易并不容易,而且还可能存在能源和运算成本。使用 DocuSign 和其他形式的电子签名协议在未来很长一段时间内可能比较适合租赁(图 14-1)。

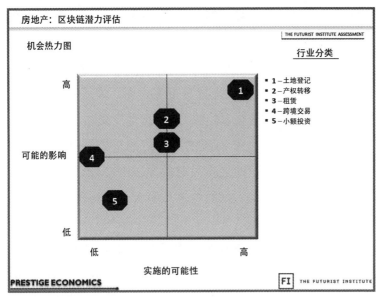

图 14-1 房地产：区块链潜力评估

未来研究所的政府评估

区块链的另一个对其前景喜忧参半的领域是政府。一些领域，如政府采购、政府开支和税务记录，非常适合使用区块链。但其他领域，如选举和身份登记，由于潜在的宪法限制，在一定程度上并不适合使用区块链（图 14-2）。

与金融、物流和农业一样，区块链在政府中的重要用例和价值与交易频率有关。交易量和跟踪资金进出的需求显示了区块链使用的潜力。在政府支出和采购方面尤其如此，因为需要透明度。

其中一些政府区块链可能属于许可使用的公共区块链框架，如图 13-2 所示。在这种情况下，任何人都可以看到或加入区块链，但只有经过许可才可以使用它进行交易。但区块链的公共属性并非不存在权衡，它将提高对网络安全和密码复杂性的需求。它还可能会降低潜在的交易速度，增加用于处理公开可见链上的区块的能源和运算需求。

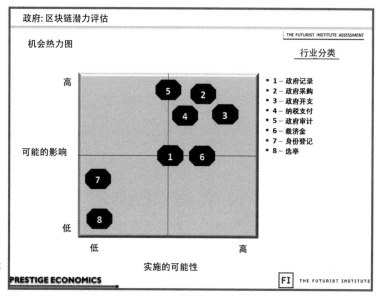

图 14-2 政府:区块链潜力评估

使用区块链可以为政府审计(所谓的"黄皮书")增加价值,这些审计是根据美国政府问责局制定的公认政府审计标准来实施的。[1]通过使用区块链可提高透明度,可以减少政府审计中的欺诈和其他严重问题。当然,在这些区块链用于审计之前,它们需要用于未来被审计的政府实体的交易领域。换句话说,首先需要有区块链来跟踪政府采购和支出,以及征税和福利事项。

我们考虑的政府区块链的最后一个领域是选举和身份登记。它可能会在一些国家使用。毕竟,手机电子选举在一些国家已经存在,如爱沙尼亚共和国于 2011 年建立了手机电子选举制度。[2]但我预计美国短期内不会出现这种制度。

美国目前正在就选民登记身份进行辩论。使用区块链进行选举似乎不可能。此外,考虑到当前的政治气候,使用区块链来注册公民、合法居民和美国不合法个人将是一个巨大的政治棘手问题。

所以不要期待很快就能看到所有人的区块链注册。事实是,这可能不是必要的,因为美国政府已经有了人们的社会保障号码。美国可能没有全国性的房地产所有权登记,这方面的记录杂乱无章,通常在州、县或地方一级保存,但美国政府确实有个人的社会保险号码。

虽然美国社会保障体系还不完善,这种写有 9 位数字的纸制卡片的使用有时似乎很可笑,但这可能仍然比不必要的政治棘手问题更可取,因为后者可能会引发法律问题、潜在的宪法危机,甚至社会动荡。此外,永久的人口账簿引发的卡夫卡问题可能是无止境的。如果你被意外宣布死亡怎么办?毕竟区块链是永久性的。

未来研究所的医疗评估

医疗领域是区块链用例和价值最混杂的一个行业。一方面,你的记录最近才从纸质形式转换为电子形式,此外,你仍然有许多以纸质形式保存的医疗文档(图 14-3)。

因此,对记录进行永久性维护和易于转移的需求是很明显的。这对于维持适当的病人护理尤为重要。但另一方面,你需要了解病人的隐私。这意味着,可以在区块链上传输的数据需要有重要的加密安全元素,这会使区块链变得缓慢,并需要更多的计算机能源和电力。

这些因素可能会阻碍个人身份和医疗记录的医疗区块链的采用。但是区块链在医疗领域有一些重要的用例。

与其他领域一样,区块链在频繁的交易中具有最大的潜力和使用案例,这也是我们在医疗支付中看到区块链的使用潜力的原因。我们都看到了医药供应链安全的必要性,这里有公共健康和知识产权的价值。毕竟,你不想买错药。公司也不想让你买到会降低其盈利能力的假药。

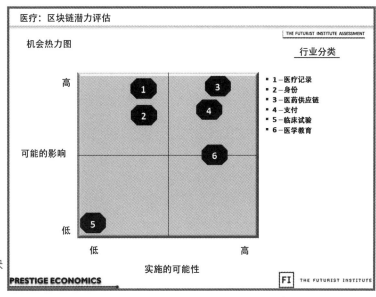

图14-3 医疗：区块链潜力评估

我们在未来研究所考虑的最后两个医疗领域是临床试验和医学教育。对于临床试验，我们认为区块链是完全不必要的，因为这些试验大多是在少数几个地方由少数人完成的，而且它们通常是集中在一个地方实行的。在这种情况下，区块链的分布式属性将不再有用。对于医学教育，区块链可能有助于记录保存，但这与其说是一项经济增长活动，不如说是一个合法性问题。它不可能是区块链的高附加值应用。

行业和活动的结合

有些行业自然而然地就适合使用区块链。但其他行业并非如此。虽然不动产、政府和医疗不是自然而然地适合这项技术，但一些数量大的交易、金融和大范围的记录保存可能会是区块链的有价值用例。

第十五章

投资区块链和加密货币

让我先分享一下投资的第一条规则：不要投资你不懂的东西。

其他金融专业人士可能会对这一说法表示愤慨，指出多样性才是投资的第一条规则，但我不在乎。不要把钱投在没有意义的事情上。

也就是说，很多 ICO、区块链投资和加密货币都没有意义。2017 年和 2018 年初，比特币价格飙升！2017 年末和 2018 年初，迅速致富的可能性催生了世界历史上最大的金融泡沫。

这是我在金融业 15 年职业生涯中最奇怪的经历之一。在第十七章中，我将把我最喜欢的一些关于投资环境独特性的故事与一个相当正常的历史背景相结合，在这个背景中，区块链作为用于交易持久性的数据库充斥其中。

炒作的相关性

2017 年 12 月，当比特币价格飙升时，我在我家附近的路边看到一块写着"比特币自动取款机"的招牌，旁边是一块写着"我们买房子"的牌子,正如孩子们说的,"似乎合法",但这只是讽刺。

事实上,围绕比特币和 ICO 的诈骗数量成为一个巨大的问题。2018 年 4 月,得克萨斯州证券委员会发表了一份关于严厉批评诈骗的报告。[1]

比特币的价格飙升激发了许多人对 ICO 和区块链的兴趣。如图 15-1 所示,价格在飙升。谷歌上搜索的问题也是如此——"什么是比特币?",从图 15-2 中可以看到谷歌搜索的高峰。

这些谷歌搜索显示,人们甚至不知道比特币是什么,就觉得把比特币作为一种投资有吸引力。幸运地赚到些钱后就开始盲目投资。

我认识的一个人在 LinkedIn 职场社交平台上写道:"我对比特币很着迷。因为我弄不明白。我一点都不明白。"

至少他没有投资他不懂的东西。但很多人这样做了。图 15-3 所示的交易量的增长表明,交易量与比特币价格之间存在非常密切的关系。当然,谷歌关于"什么是比特币?"的搜索也与比特币的价格高度相关。

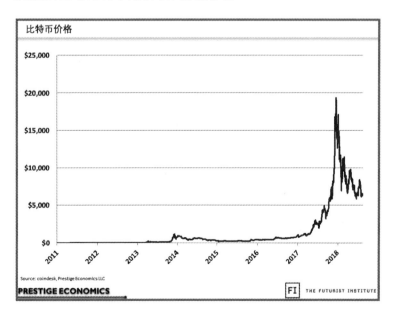

图 15-1 比特币价格[2]

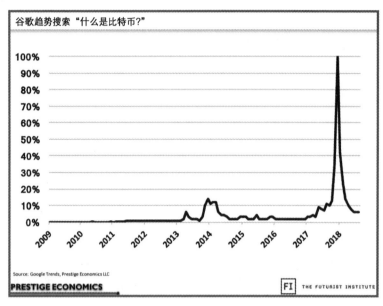

图 15-2 谷歌关于"什么是比特币?"的搜索[3]

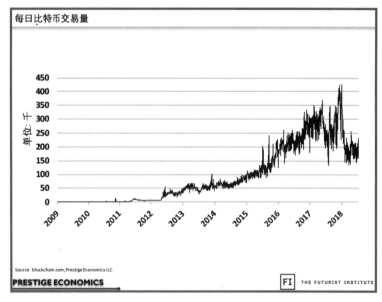

图 15-3 每日比特币交易量[4]

除比特币外的投资

一些对代币和 ICO 的投资是比特币价格飙升的连锁反应。如图 15-4 所示,截至 2018 年 3 月 ICO 和比特币投资回报率之间存在相关性,同时,比特币和 ICO 月回报率之间也存在相关性(图 15-5)。

一些投资者是提供代币的公司的真正信徒,但大多数人都试图迅速致富。别忘了"害怕错过机会"的人群。

近年来,可以把越来越多的投资者归纳为:害怕错过下一次科技革命的机会。也许他们后悔在苹果或亚马逊股价便宜的时候没有投资,后悔这一投资现象的行为把他们聚在一起,希望找到下一个苹果或亚马逊——或者至少有超高的金融回报,能赚一辆兰博基尼,如第七章所述。

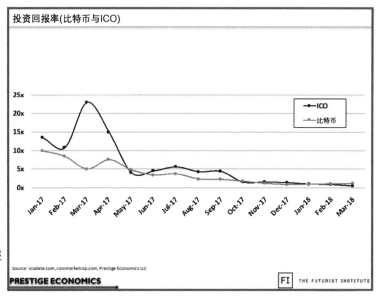

图 15-4 投资回报率(比特币与 ICO)[5]

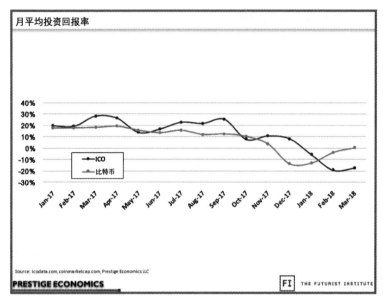

图 15-5 月平均投资回报率[6]

你的狗需要播客吗?

2017 年,我写了一篇文章,题为"你的狗需要播客吗?"。[7]虽然这篇文章称赞播客是创建在线观众和分享有价值内容的一种手段,但它实际上受到我这个天使投资人的经验启发。2017 年初,我遇到一个有潜力的投资项目,即为一个估值高、费用高、没有收入、听众基础非常非常小的播客提供资金。

令人震惊的是,这个播客得到了资助。

技术热潮蔓延至 ICO,从 2017 年到 2018 年 3 月,ICO 的投资回报率一直很高(图 15-6),2017 年几乎每个月都有两位数的月度高回报(图 15-7)。但 2018 年,ICO 受到了越来越多的审查和监管,部分原因是为了保护菜鸟投资者。随后,2018 年 ICO 的月度回报率普遍下降了。

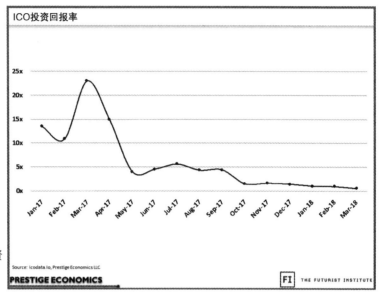

图 15-6 ICO 投资回报率[8]

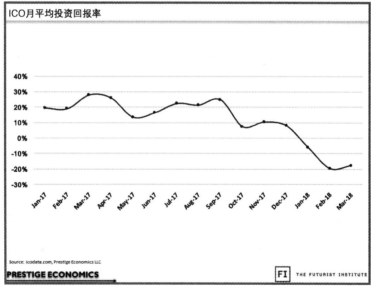

图 15-7 ICO 月平均投资回报率[9]

为了让读者大致了解这些 ICO 代币是什么样子的,我来给大家分享一个趣闻:虽然有些代币的名字难登大雅之堂,但它们价值数百万美元。

尽管一些 ICO 和加密货币可能会经受住越来越多的审查、怀疑和适当的监管,但其中大多数都不可能成功幸存。至于那些幸存下来的公司,如果它们是实用代币,你就不会像 IPO 那样实际拥有这家公司的股份。这些实用代币只能让你在将来能够使用公司的服务。正如我在第七章中所描述的,它们就像迪士尼美元或 Groupon 优惠券。

投资区块链

除了对 ICO 和加密货币的直接投资,也有大量区块链的投资。与面临重大监管风险的 ICO 和加密货币不同,区块链拥有巨大的前景,在商业和企业用例中提供了巨大的价值,这是本书第十三章和第十四章的主题。

随着区块链需求的增加,这将为开发人员、顾问和策略师创造出重要的专业和商业机会。但即使区块链带来了机遇,最好记住,不要投资你不懂的东西。

对于那些希望实施欺诈并重塑区块链实体品牌的公司来说,监管机构也在关注着它们。

2017 年 12 月,在比特币价格泡沫快要达到顶峰时,一家冰茶公司——长岛冰茶公司宣布更名为长区块链公司。这一更名使得该公司股价从每股 2 美元左右飙升至近 7 美元。随后,监管机构对该公司展开了调查,截至 2018 年 8 月 1 日,该公司股价暴跌至每股 0.34 美元左右。[10]

纳斯达克还将该公司摘牌退市,并将其从公开股票交易所除名,美国证券交易委员会于 2018 年 7 月 10 日传唤了该组织。这对其管理层来说似乎不是什么好兆头,它应该成为一个警示故事,告诉人们不要试图利用泡沫、监管机构的力量以及围绕区块链进行炒作。

第十六章
没有信任的信任和数字货币风险

当人们谈论数字货币和区块链技术时,他们往往很快就会提到"没有信任的信任",虽然这是区块链世界的一条准则,但它过于极端了。

甚至中本聪也提到"密码验证而不是信任验证"。[1]

因为区块链所能确保的只有密码验证。它不能提供信任,也不能保证参与区块链的人是可靠的。

就像我妻子说的,"不要相信不认识的人!"

但这正是你在匿名的加密货币区块链中所做的,比如驱动比特币的区块链。

就我个人而言,我更希望得到 Visa 信用卡和金融机构的保护,而不是我在所有交易中用的匿名区块链的保护。这并不意味着加密货币和区块链没有价值。但它们确实给个人和公司带来了风险。

欺诈和 ICO

正如我们在前一章所述,在你不懂的东西上进行投资有很大的风险。

ICO有很大的监管风险,那些从没真正生产过任何你能用的东西的公司,你可能会从那里购买实用代币。

事实上,国际清算银行(Bank of International Settlements)发表了一份我在第十一章中讨论过的关于加密货币的报告,报告指出,加密货币的价格对非法市场的关闭反应强烈。此外,人们认为大部分的ICO都是欺诈性的。[2]

接下来是真正的非法事物。

黑社会的钱

加密货币不仅仅是被疯狂的科技热潮所推动的噱头经济的一部分。它们也是全球黑市的一部分。我在第十二章中已经讨论过这个问题,犯罪分子、恐怖分子和政治颠覆分子曾使用加密货币来资助执法部门无法察觉的活动。

使用加密货币洗钱的真实流程如图16-1所示。这是具有牢不可破的密码的加密货币和匿名支付系统的最大的一个用处。

近朱者赤,近墨者黑。

这就是为什么加密货币经常是盗窃和其他非法活动的手段。既然你已经卷入坏人的洗钱犯罪活动,那么他们如果试图侵入你的电子钱包,用庞氏骗局攻击你,进行网络钓鱼,或者勒索你,就都不足为奇了。图16-2显示了2017年攻击加密货币领域的一些非法活动。造成的损失触目惊心。

根据彭博社2018年6月27日的一篇文章,美国联邦调查局正在进行130起与加密货币相关的调查。[3]

即使在2018年我自己的LinkedIn订阅中,我也经历了一次攻击。这是一个双管齐下的骗局,我认为这招有时会奏效。首先,他们试图用骗局来攻击我的网络。然后,他们试图骗我给他们发送密码。

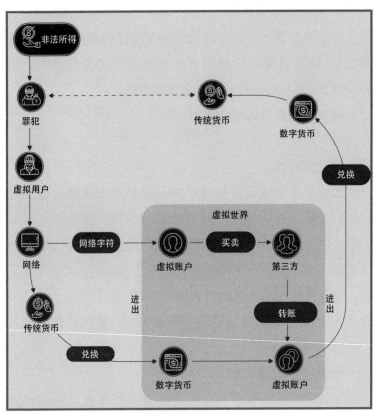

图 16-1 使用加密货币洗钱[4]

图 16-2 2017 年加密货币盗窃案[5]

这个骗局是从有人冒用我开始的——他们创建了一个看起来和我一样的账户,有着相同的图片、历史工作经验和名字。然后他们在我发的帖子里发表评论,声称会向任何愿意发送一个以太币的人提供三个免费的以太币,用以确认他们的账户。

这是一个荒谬的提议。但只要有人相信这种庞氏骗局,他们就能赚钱。我马上删除了请求发送以太币的假帖子,并进行了举报。假账户很快被禁用。但后来我收到一个人的信息,说他已经发送了一个以太币。他想知道为什么他没收到三个以太币。当然,我屏蔽了他。

很有可能,这个问他的以太币在哪里的人跟要求其他人发送以太币的人是同一个,目的仅仅是为了确认受害者高度机密的匿名加密货币地址。骗子们可能会想,如果他们不能诱骗人们加入庞氏骗局,也许他们希望有人因为我而落入他们的圈套。一切都无法追踪。

网络安全风险与区块链

除加密货币诈骗外,使用区块链也存在风险。它叫作攻击面。

最近,我与卡内基梅隆大学软件工程学院和美国公司董事协会共同完成了一份网络安全课程,我是该协会的管理研究员。最后,我有了三个与区块链相关的重要收获。

第一个理念是弹性的理念。这意味着,你的公司能恢复吗?这是一个与生存能力的理念有着内在联系的问题。换句话说,你的公司能否在网络攻击中幸存下来,还是无法继续经营?当我想起弹性时,我想到了区块链在降低我在第三章中讨论的中心故障点这方面的价值。

第二个理念是资源管理的理念。这是指,考虑到公司的安全,你不能随心所欲地做所有你想做的事情。当然,使用区块链也是如此。

我经常提到比特币交易对运算处理和能源的巨大需求。考虑到区块链的商业和企业用途,其在时间、处理能力和电力方面的需求也是如此。有时候人们的付出不会获得等值的回报,而区块链也不是万能的。

第三个网络安全理念是攻击面,也是区块链需要考虑的最重要的理念。一个实体的攻击面是指它暴露在网络攻击或网络威胁中的不同的点的数量。对于使用区块链的公司来说,攻击面实际上可能更大,风险也更大。

当我们考虑公司或商业区块链可能分布在多方这个事实时,你会意识到,攻击面可能比一家使用一个数据库,只有几个集中办公位,具有小型金融团队的公司要大得多。

如果你在一家有金融部门的公司工作,如果所有的货运清单和付款信息里有漏洞,你很容易找到这个部门的人。是的,有一个中心故障点会存在风险,但你的攻击面比较小。你知道少量的风险在哪里。

但是,如果你开始在广泛的、分布式的网络上共享信息,风险会大得多。可能会有更多能够访问区块链的人分享这些敏感信息,以及区块链上敏感的公司或商业数据。

从本质上讲,在建立区块链时,需要考虑重要的风险权衡,包括数据的可用性、处理速度以及会有多少人看到它,或者更确切地说,你的风险暴露面和攻击面有多大。

企业区块链还有一个重要的风险——无法保证所有参与区块链的人都是诚实的。区块链无法评估输入的有效性。区块链以外发生的任何事情都存在信任风险。

将农产品装入集装箱的人仍然需要获得网络的信任,才能提供即将运输货物的实际和真实的信息。没有信任,永久账簿上记录的信息将变得一文不值。

另一个例子是工业金属的监管链。冲突金属可能会与有合法来源的合法金属混合在一起。这意味着,即使区块链的监管链是干净的,链上的内容也可能是非法的。

关于区块链,还有最后一个需要考虑的风险——审批交易的网络有时可能会被带入错误的方向。这实际上是托克维里安区块链的专制风险,即如果51%的成员确认验证了不正当交易,那么网络就可能转而确认验证不正当交易。人们把它称为51%攻击风险。

大环境下的黑客攻击和加密货币

没有人担心美元或日元因黑客攻击丑闻而贬值。但这对比特币和其他加密货币来说是一种风险。外汇和电子钱包攻击的丑闻对这些货币不利。一些自由主义者认为,加密货币和比特币在一个不信任的环境中建立了信任。但这并不意味着你的钱就是安全的。

没有联邦存款保险公司和证券投资保护公司来保护你的加密账户。在美国,如果银行被抢劫,你的钱仍然是安全的。联邦存款保险公司为"每个存款人、每个被保险银行、每个账户所有权类别的存款提供高达25万美元的保护"。[6] 证券投资保护公司也起着类似的作用,保护"50万美元,其中包括25万美元的现金上限"。1991年,新英格兰银行破产。我在那家银行有一个账户。幸运的是,多亏了联邦存款保险公司,我没有任何损失。基本上来说,如果你的银行破产,被抢劫,或被黑客攻击,你都是有保障的!

但如果你的加密货币账户被黑客入侵,你不在保险范围内。

没有类似解决信用卡纠纷的办法。

你的数字密钥就像无记名债券。如果有人拿到它，他们就拿到了你的钱。

尽管自由主义者称赞加密货币的无政府性，但这也意味着没有保障措施。如果没有保障措施，个人的金融安全就会有风险，骗局的风险、黑客的风险、操作失误的风险。

第十七章
大背景下的区块链

区块链的潜在影响比大多数人想象的要大,但也没有一些人认为的那么大。它对物流、运输和货运的企业供应链的影响将是巨大的。区块链在许多企业领域的潜力也是至关重要的。医疗、农业和房地产都将受到很大影响。

但对于普通人来说,区块链技术很可能是一种 deus ex machina——机器之神。

所以,现在大多数人所认为的区块链是加密货币。加密货币是一种特殊的 deus ex machina——能赚到兰博基尼的机器之神。

对区块链的大肆宣传是由加密货币带来的金融回报所产生的。毕竟,世界历史上从来没有一个市场像 2017 年底和 2018 年初那样出现过如此巨大的金融泡沫。

但加密货币面临着一些严峻的挑战。而人们对企业和商业区块链的认识将提高,因此加密货币狂热可能会消退。

为了从大背景的角度进一步讨论区块链的价值和它在历史上的地位,我在本书中增加了本章节,其中刚好有两条时间线。

可以肯定的是,加密货币的狂热是不可低估的。我曾在得克萨斯大学奥斯汀分校麦考姆斯商学院参加一个区块链会议,该商学院是美国排名最高的商学院。一位比特币交易者和投资者在台上称赞比特币是唯一真正的分布式区块链。令我惊讶的是,坐在我旁边的先生跳了起来,连声用最大的嗓音高喊"对极了!!!!!!"并疯狂地鼓掌。

这比我在北卡罗来纳州罗利市的舞台上和瓦尼拉·艾斯(Vanilla Ice)一起即兴说唱更疯狂,当时,我们无法让麦克风远离舞台上疯狂的人们,他们只想说有多爱瓦尼拉。音乐会不得不停止。

幸运的是,得克萨斯大学的会议不需要停止下来,但坐在我旁边的那个家伙,在整个会议期间,一直在大声嚷嚷。

围绕区块链的高度炒作和狂热,导致许多人在历史上将区块链与图17-1中的时间轴进行了关联,将区块链与历史

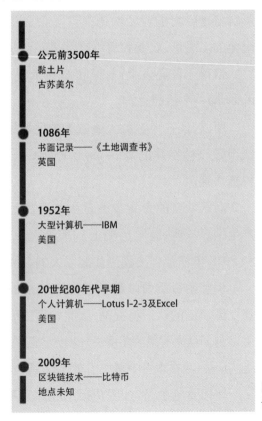

图17-1 历史上的记录保存

金融记录保存的最重要基石放到一起。

过去的一些早期记录——从古代一直到现在——都与记录金融交易和资产联系在一起,不管是保存在大英博物馆的古代苏美尔人的黏土片,还是《土地调查书》,抑或 Lotus 1-2-3 的使用。比特币和区块链也是如此。这些都颠覆了重要的会计和金融记录保存技术。这一点毫无疑问。

然而,导致区块链和比特币诞生的金融交易和计算机化的历史远比图 17-1 中的几个历史碎片要多得多。事实上,在整个 20 世纪和 21 世纪初,大型计算机、个人计算机、软件和其他的技术发展促成了创建和繁荣区块链的环境。这就是我画出图 17-2 的原因,该图展示了区块链是如何融入这些更广泛、最新的计算机、数据库和技术发展的。

图 17-2　近代历史技术发展

区块链是一个具有专门和自定义权限的数据库，如我在第十三章中所述。在分布式网络中提高数据透明度的能力是非常有价值的。但这不是区块链自己本身的事情。

正如我在本书中提到的——特别是在第三章中——区块链技术似乎是云计算的自然延伸。然而，它结合了类似推送的技术，允许分布式网络接收和访问由其分散的节点维护的分布式账簿。在某种程度上，它让我想起了黑莓技术。

有趣的是，黑莓在 2009 年第一季度达到了其在全球智能手机市场的最高占有率，当时 20.1% 的智能手机操作系统是黑莓。创世区块的第一枚比特币出现在 2009 年 1 月 3 日——同一个季度。

加密货币和区块链的流行需要时间，但必须记住，它们仍然是黑莓时代的技术。区块链并不是终点。它是计算发展的一个站点，未来还会有更多的技术出现。

最重要的技术即将到来：量子计算。

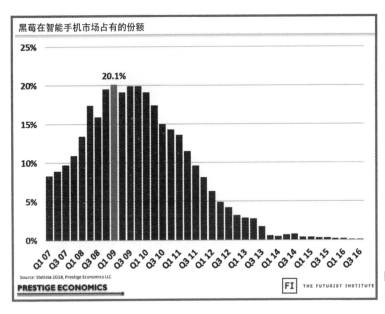

图 17-3 黑莓市场占有率[1]

第十八章
量子计算

量子计算是一种允许改变计算步骤的技术。基本上,我们现在使用的所有计算机都运行在二进制计算模型上——1和0,就像本书封面上的数字链图像一样。这叫一比特。

但是量子计算不仅仅是1和0,人们通常把它们比喻为"开"和"关"。在量子计算的世界中,还有其他介于1和0之间的状态,称为量子比特,此时计算机基本上同时处于开和关的状态。

这是一件棘手的事情,它实际上与多重宇宙理论密切相关——即在任何给定的时间线上都有不止一个宇宙。[1]这个理论是得克萨斯大学奥斯汀分校的成果[2],我目前就居住在这所大学所在的城市——2018年初我参加的区块链会议也是在这座城市举行,当时比特币受到了赞扬,有人发出了疯狂的、几乎是虔诚的"对极了!!!"的尖叫。

至于量子计算的影响,在计算过程中加入额外的量子比特状态,这一点听起来可能没什么,但它对计算能力的指数影响却可能是十分巨大的——就像比特币和区块链的影响一样。[3]

我在第十六章中所描述的网络安全风险,与量子计算领域中区块链、电子钱包、交易所和加密货币的加密元素所面临的风险相比,可能会相形失色。

这是一个特别值得注意的风险,因为量子计算机可能特别擅长破解密码问题。它是区块链加密货币技术的支柱。

量子计算的影响究竟有多大,理论界存在争论。一些人认为区块链和加密货币将是安全的。[4] 还有一些人建议当这项技术实现时,可创建量子区块链。[5] 由于这项技术目前还不存在,很难对它有坚定的看法,但如果计算机解密和运算能力呈指数级增长,网络安全的风险就不大可能会下降。

虽然区块链的用例现在应该是显而易见的,但下一个需要关注的技术将会是量子计算。未来我将写一本书来进一步探讨这些概念。

结论
区块链的未来

我写作本书是为了帮助人们把对区块链的讨论放在一个背景中。对加密货币的狂热炒作,可能会被以商业和企业区块链为形式的真正的未来价值所替代。

本书封面上亚历山大古图书馆被烧毁的图片突出了区块链最大的一项价值——降低中心故障点相关的风险。在描述亚历山大图书馆的损失时,波拉德和里德指出,"人们用一辈子的时间都学不完的东西,凯撒用一个早晨就可以毁掉,只需要一支火把。"[1]

公司面临着中心故障点的风险,区块链技术可以通过在分布式网络上共享信息来降低这类风险。但它并非就没有风险,因为实体使用的区块链的攻击面会增加,而攻击面是网络安全的关键问题。

虽然区块链可能会向前发展,但加密货币,尤其是比特币,面临着巨大的风险。

作为一名未来主义者,我认为把技术的发展放在历史大背景下是很重要的。区块链只是众多保存记录的数据库技术中最新的一种。但它不可能是最后一种。

目前，区块链技术是降低成本、增加经济价值的分布式信息和知识的希望，还能防止亚历山大图书馆这种级别的信息和供企业、政府和私人个体使用的机构知识的流失。

然而，区块链同时也是一种泡沫。它与世界历史上最大的投资泡沫有关。当被用于不受监管的加密货币交易时，它可以是一场大火，助长恐怖分子、无政府主义者、犯罪分子和政治颠覆者的气焰，对文明构成威胁。

以上就是我认为新兴的颠覆性技术——区块链有光明的未来的原因，也是我同时看到希望和泡沫的原因。

附录
区块链术语表

代币——独立建立在自己的区块链上的数字货币,或建立在已有的区块链网络上的数字货币,如以太币。

膨胀——比特币区块链的规模不断增大。截至2018年8月,比特币区块链有125 GB。预计未来其规模将大幅增加。

区块链——一种分布式账簿技术,是比特币和其他数字货币的底层框架。

比特币(BTC)——一种最早的数字货币,建立在使用分布式节点网络的区块链上,用于交易的比特币缩写为BTC。

中心故障点(CPOF)——一种特殊的单点故障,即由于把所有操作、记录保存或权限都集中在一起,使网络面临故障风险。

加密货币——一种不被央行支持的货币。它是独立创造出来的。

dApp——去中心化应用程序。dApp的后端代码运行在分散的点对点网络上。

分布式账簿技术(DLT)——将区块链上的交易记录分

发到其节点网络。DLT 不会受到中心故障点的影响。

HODL——加密货币和比特币粉丝们使用的短语,表示即使在价格下跌时仍继续持有加密货币,且不管发生什么都不出售。该短语源自电影《斯巴达 300 勇士》。

ICO——首次代币发行。这是公司发行可用于交易的新型加密货币的一种方式,也是公司发行实用代币的一种方式。实用代币可以提供产品,以及在未来某个时候提供使用它们的平台或服务。ICO 通常是在白皮书之后进行,是由尚未盈利、尚未投入运营的公司实施的。这项尚未盈利的融资活动与像众筹的 ICO 类似。

以太币(ETH)——一种主要的代币,用于交易的以太币缩写为 ETH。以太币是加密货币里的 VHS,因为其他加密货币可以轻松地使用它的接口和平台来创建其他的代币和实用代币。这些代币由创始人来起名。有些代币甚至有骇人听闻的名字。

莱特币(LTC)——一种早期的代币,用于交易的莱特币缩写为 LTC。

挖矿——通过使用计算处理能力来解决散列难题并将区块添加到区块链,从而获得奖励的过程。

节点——区块链网络的分布式部分。它们可以在网络中处理交易。

瑞波币(XRP)——一种旨在提高跨境支付效率的代币,用于交易的瑞波币缩写为 XRP。

中本聪(Satoshi Nakamoto)——这是比特币创始人的名字,也是比特币运营所基于的区块链技术的首个支持者。

单点故障(SPOF)——由于网络中某一点的脆弱而使整个网络或实体面临发生故障的风险。例如:电力变压器和网络路由器。

什么时候涨上月球？什么时候能买兰博基尼？——加密货币粉丝们用它来询问何时加密货币的价格会涨到足够高，使他们可以买一辆兰博基尼。

白皮书——推广代币或 ICO 的主要途径。它是由中本聪开创的。

尾 注

第三章

1. Dan, A. and Rico, C. eds. (2017). The Library of Alexandria: A Cultural Crossroads of the Ancient World: Proceedings of the Second Polis Institute Interdisciplinary Conference. Jerusalem, Israel: The Polis Institute. Also see Charles River Editors. The Library of Alexandria. Young University Press. Also see El-Abbadi, M. (Apr 13, 2018) "Library of Alexandria" Encyclopedia Britannica. Retrieved on August 24, 2018 from https://www.britannica.com/topic/Library-of-Alexandria.

2. Plutarch (2017). The Age of Caesar: Five Roman Lives. Translated by Pamela Mensch. P.146.

3. Go ll, H. (1876). Galerie der Meister in Wissenscheft und Kunst. Meister der Wissenschaft I. Die Weisen und Gelehrten des Altherthums. Second Edition. Leipzig: Verlag von Otto Spamer. P.395.

第四章

1. Satoshi, N. (2008). Bitcoin: A Peer-to-Peer Electronic Cash System. P. 1. Retrieved from https://bitcoin.org/bitcoin.pdf.
2. "Internal-Combustion Engine." The Columbia Encyclopedia, 6th ed. Retrieved on 24 August 2018 from https://www.encyclopedia.com/science-and-technology/technology/technology-terms-and-concepts/internal-combustion-engine.
3. Licensed from Adobe Stock.

第五章

1. "Genesis Block" Wikipedia. Bitcoin Wiki. Retrieved on 24 August 2018 from https://en.bitcoin.it/wiki/Main_Page.
2. Bank of England, Total Central Bank Assets for United Kingdom (DISCONTINUED) [UKASSETS], retrieved from FRED, Federal Reserve Bank of St. Louis; https://fred.stlouisfed.org/series/UKASSETS, 24 August 2018.
3. European Central Bank, Central Bank Assets for Euro Area (11-19 Countries) [ECBASSETS], retrieved from FRED, Federal Reserve Bank of St. Louis; https://fred.stlouisfed.org/series/ECBASSETS, 24 August 2018.
4. "Balance Sheets of the Bank of Japan and Financial Insititutions." Bank of Japan, Retrieved on 24 August 2018 from https://www.boj.or.jp/en/statistics/category/financial.htm/.
5. Pretov, A. (2017). "ETFs in Monetary Policy-Case Study:

Bank of Japan." State Street Global Advisors. Retrieved on 24 August 2018 from https://www.swfinstitute.org/content/ID11548-INST-8354_ETFs-in-Monetary-Policy_web_FINAL.pdf. Fueda-Samikawa, I. (2017) "BOJ's ETF Purchases Expanding Steadily" Japan Center for Economic Research. Retrieved on 24 August 2018 from https://www.jcer.or.jp/eng/pdf/170706_report(eng).pdf.(2018). "BOJ Kuroda: Japan Economic Conditions Fine Despite Stock Fall" Market News. Retrieved on 24 August 2018 fromhttps://www.marketnews.com/content/boj-kuroda-japan-economic-conditions-fine-despite-stock-fall.

6. Board of Governors of the Federal Reserve System (US), All Federal Reserve Banks: Total Assets [WALCL], retrieved from FRED, Federal Reserve Bank of St. Louis; https://fred.stlouisfed.org/series/WALCL, 24 August 2018.

7. Yellen, J. (26 August 2016). "The Federal Reserve's Monetary Policy Toolkit: Past, Present, and Future." US Federal Reserve. Retrieved from https://www.federalreserve.gov/newsevents/speech/yellen20160826a.htm

8. Retrieved on 26 August 2018 from http://www.usdebtclock.org/.

9. U.S. Department of the Treasury. Fiscal Service, Federal Debt: Total Public Debt [GFDEBTN], retrieved from FRED, Federal Reserve Bank of St. Louis; https://fred.stlouisfed.org/series/GFDEBTN, 24 August 2018.

10. Federal Reserve Bank of St. Louis and U.S. Office of Management and Budget, Federal Debt: Total Public Debt as

Percent of Gross Domestic Product [GFDEGDQ188S], retrieved from FRED, Federal Reserve Bank of St. Louis; https://fred.stlouisfed.org/series/GFDEGDQ188S, 24 August 2018.

11. Desjardins, J. (6 August 2015). "$60 Trillion of World Debt in One Visualization." Visual Capitalist. Retrieved 11 February 2017: http://www.visualcapitalist.com/60-trillion-of-world-debt-in-one-visualization/.

12. Mayer, J. (18 November 2015). "The Social Security Façade." Retrieved 11 February 2017: http://www.usnews.com/opinion/economic-intelligence/2015/11/18/social-security-and-medicare-have-morphed-into-unsustainable-entitlements.

13. Image provided courtesy of The Heritage Foundation. Retrieved 11 February 2017: http://thf_media.s3.amazonaws.com/infographics/2014/10/BG-eliminate-waste-control-spending-chart-3_HIGHRES.jpg.

14. US Social Security Administration. "Social Security History: Otto von Bismarck." Sourced from https://www.ssa.gov/history/ottob.html.

15. Twarog, S. (January 1997). "Heights and Living Standards in Germany, 1850-1939: The Case of Wurttemberg" as reprinted in Health and Welfare During Industrialization. Steckel, R. and F. Roderick eds. Chicago: University of Chicago Press, p. 315. Retrieved 11 February 2017: http://www.nber.org/chapters/c7434.pdf.

16. US Social Security Administration. Fast Facts and Figures About Social Security, 2017, p.8. Retrieved on 6 June

2018: https://www.ssa.gov/policy/docs/chartbooks/fast_facts/.

17. World Bank, Population Growth for the United States [SP-POPGROWUSA], retrieved from FRED, Federal Reserve Bank of St. Louis; https://fred.stlouisfed.org/series/SP-POPGROWUSA, 24 August 2018.

18. Last, J. (2013) What to Expect, When No One's Expecting: America's Coming Demographic Disaster. New York: Encounter Books., pp. 2-4.

19. Ibid., p. 3.

第六章

1. Hayek, F.A. (1976). The Denationalization of Money. London: The Institute of Economic Affairs, pp. 130-131.

2. Ibid., p. 130.

3. Gold price data from the London Bullion Market Association as sourced from MacroTrends Data. Additional data sourced from eSignal.

4. Hayek, F.A. (1979). "A Free-Market Monetary System and the Pretense of Knowledge," p. 23.

第七章

1. Covering the Crisis: The role of media in the financial crisis. European Journalism Centre. 2010.

2. Ibid., p. 75.

3. Ibid., p. 81.

4. "Bitcoin (USD) Price." Coindesk. Retrieved on 24 August 2018 from https://www.coindesk.com/price/.

5. Owen, D. (2005). "The Betamax vs VHS Format War." Media College. Retrieved on 24 August 2018 from https://www.mediacollege.com/video/format/compare/betamax-vhs.html.
6. ICO meme as seen on the internet.
7. Schor, L. (2018) "ICO Market Report (April 2018)" Argon Group. Retrieved on 24 August 2018 from https://medium.com/@argongroup/ico-market-report-april-2018-3857cbe729c3.
8. Ibid.
9. Ibid.
10. Ibid.
11. ICO meme as seen on the internet.

第八章

1. Goodman, G. (1981). "Commanding Heights" Public Broadcasting Service. Retrieved on 24 August 2018 from http://www.pbs.org/wgbh/commandingheights/shared/minitext/ess_germanhyperinflation.html.
2. Cancel, D (2018). "Venezuela Currency Chaos So Bad, There's an App to Lop Off Zeros." Bloomberg News. Retrieved on 24 August 2018 from https://www.bloomberg.com/news/articles/2018-08-23/confused-by-venezuela-s-currency-chaos-there-s-an-app-for-that.

第九章

1. Farley, A. (2018). "Bearer Bonds: From Popular to Prohibited" Investopedia. Retrieved on 24 August 2018 from

https://www.investopedia.com/articles/bonds/08/bearer-bond.asp.
2. Image provided courtesy of Heritage Auctions, HA.com. Retrieved on 24 August 2018 fromhttps://currency.ha.com/itm/miscellaneous/other/-1-000-000-us-treasury-bearer-bond/a/364-15547.s.

第十章

1. (2018) "Frequently Asked Questions" bitcoin.org. Retrieved on 24 August 2018 from https://bitcoin.org/en/faq#general.
2. Cheng, E. (2018). "There are now 17 million bitcoins in existence-only 4 million left to 'mine'." CNBC. Retrieved on 24 August 2018 from https://www.cnbc.com/2018/04/26/there-are-now-17-million-bitcoins-in-existence--only-4-million-left-to-mine.html.
3. This is some additional Faustian wordplay. See under Goethe, J.W. (1808). Faust.
4. "Gasoline Prices Around the World: The Real Cost of Filling Up." (July 25, 2018) Bloomberg News. Retrieved on 24 August 2018 from https://www.bloomberg.com/graphics/gas-prices/#20182:Australia:USD:g.
5. "Annual Energy Outlook 2018." (2018). U.S. Energy Information Administration. Retrieved on 24 August 2018 from https://www.eia.gov/outlooks/aeo/pdf/AEO2018.pdf.

第十一章

1. "Annual Economics Report." (June 2018). Bank of Interna-

tional Settlements, p. 91-141. Retrieved from https://www.bis.org/publ/arpdf/ar2018e.pdf.
2. "Transaction Speeds: How Do Cryptocurrencies Stack Up To Visa or PayPal?" (10 January 2018). howmuch.net. Retrieved on 24 August 2018 from https://howmuch.net/sources/crypto-transaction-speeds-compared.

第十二章

1. Lagarde, C (26 April 2018). "Statement by IMF Managing Director Christine Lagarde on Her Participation in the Paris Conference on Terrorism Financing" International Monetary Fund. Retrieved on 24 August 2018 from https://www.imf.org/en/News/Articles/2018/04/26/pr18150-lagarde-on-her-participation-in-the-paris-conference-on-terrorism-financing.
2. "Annual Economics Report." (June 2018). Bank of International Settlements, p. 91-141. Retrieved from https://www.bis.org/publ/arpdf/ar2018e.pdf.

第十三章

1. Carson, B. (June 2018). "Blockchain beyond the hype: What is the strategic business value?" McKinsey & Company. Retrieved on August 28, 2018 from https://www.mckinsey.com/business-functions/digital-mckinsey/our-insights/blockchain-beyond-the-hype-what-is-the-strategic-business-value.
2. "♯BLOCKCHAIN: Back-office block-buster" Autonomous Research. Retrieved on 24 August 2018 from https://next.

autonomous.com/blockchain-blockbuster/.

第十四章

1. "The Yellow Book" (2018). U.S. Government Accountability Office. Retrieved on 24 August 2018 from https://www.gao.gov/yellowbook/overview.
2. "Estonia becomes first nation with mobile voting." (12 December 2008) TechCrunch. Retrieved on 24 August 2018 from https://techcrunch.com/2008/12/12/estonia-becomes-first-nation-with-mobile-voting/.

第十五章

1. "Widespread Fraud Found in Cryptocurrency Offerings." (April 10, 2018). Texas State Securities Board. Retrieved on 24 August 2018 from https://www.ssb.texas.gov/sites/default/files/CRYPTO%20report%20April%2010%202018.pdf.
2. "Bitcoin (USD) Price" coindesk. Retrieved on 24 August 2018 from https://www.coindesk.com/price/.
3. "What is Bitcoin? Google Trends Search" Google Trends. Retrieved on 24 August 2018 from https://trends.google.com/trends/explore?q=What%20is%20Bitcoin%3F&geo=US.
4. "Confirmed Transactions Per Day." (2018). Blockchain. Retrieved on 24 August 2018 from https://www.blockchain.com/charts/n-transactions.
5. Schor, L. (2018). "ICO Market Report (April 2018)" Argon Group. Retrieved on 24 August 2018 from https://

medium. com/@ argongroup/ico-market-report-april-2018-3857cbe729c3.

6. Ibid.

7. Schenker, J. (9 July 2017). "Does Your Dog Need a Podcast?" LinkedIn. Retrieved on 24 August 2018 from https://www.linkedin.com/pulse/does-your-dog-need-podcast-jason-schenker/.

8. Schor, L. (2018). "ICO Market Report (April 2018)" Argon Group. Retrieved on 24 August 2018 from https://medium. com/@ argongroup/ico-market-report-april-2018-3857cbe729c3.

9. Ibid.

10. Katz, L. (August 1, 2018). "Long Blockchain Gets Hit With SEC Subpoena After Nasdaq Ouster." Bloomberg News. Retrieved on 24 August 2018 from https://www.bloomberg.com/news/articles/2018-08-01/long-blockchain-gets-hit-with-sec-subpoena-after-nasdaq-ouster.

第十六章

1. Satoshi, N. (2008). Bitcoin: A Peer-to-Peer Electronic Cash System. P. 1. Retrieved from https://bitcoin.org/bitcoin.pdf.

2. "Annual Economics Report." (June 2018). Bank of International Settlements, p. 107. Retrieved on 24 August 2018 from https://www.bis.org/publ/arpdf/ar2018e.pdf.

3. "Understanding Deposit Insurance." (2018). Federal Deposit Insurance Corporation. Retrieved on 24 August 2018 from https://www.fdic.gov/deposit/deposits/.

4. "Managing the Risks of Cryptocurrency." (2018). BAE Systems. Retrieved on 24 August 2018 from https://www.baesystems.com/en/cybersecurity/managing-the-risks-of-cryptocurrency.
5. "How Criminals Steal Cryptocurrency (InfoGraphic)." CryptoGo. Retrieved on 24 August 2018 from https://josephsteinberg.com/how-criminals-steal-cryptocurrency-infographic/.
6. "What SIPC Protects." Securities Investor Protection Corporation. Retrieved on 24 August 2018 from https://www.sipc.org/for-investors/what-sipc-protects.

第十七章

1. "Global smartphone OS market share held by RIM (BlackBerry) from 2007 to 2016, by quarter" Statista. Retrieved on 24 August 2018 from https://www.statista.com/statistics/263439/global-market-share-held-by-rim-smartphones/.

第十八章

1. Gribbin, J. (2014). Computing with Quantum Cats. Amherst, New York: Prometheus Books, pp. 183-225.
2. Ibid.
3. Friedson, I. (28 February 2018). "How Quantum Computing Threatens Blockchain." National Review. Retrieved on 24 August 2018 from https://www.nationalreview.com/2018/02/quantum-computing-blockchain-technology-threat/. See also arXIV. (8 November 2017) "Quantum

Computers Post Imminent Threat to Bitcoin Security" Technology Review. Retrieved on 24 August 2018 from https://www.technologyreview.com/s/609408/quantum-computers-pose-imminent-threat-to-bitcoin-security/.

4. Brennen, G (18 October 2017). "Quantum attacks on bitcoin, and how to protect against them." Cornell University Library. Retrieved on 24 August 2018 from https://arxiv.org/abs/1710.10377.

5. arXIV. (1 May 2018). "If quantum computers threaten blockchains, quantum blockchains could be the defense" Technology Review. Retrieved on 24 August 2018 from https://www.technologyreview.com/s/611022/if-quantum-computers-threaten-blockchains-quantum-blockchains-could-be-the-defense/.

结论

1. Pollard, J. and Reid, H. (2007). The Rise and Fall of Alexandria: Birthplace of the Modern World. New York: Penguin Books, p. 165

关于作者

杰森·申克是 Prestige Economics 公司的总裁，也是世界顶级的金融市场未来学家之一。彭博新闻社将申克先生列为 2011 年以来在 42 个不同领域的最准确的预测专家，其中在 25 个领域的预测准确率排名世界第一，包括欧元、英镑、瑞士法郎、人民币、原油价格、天然气价格、黄金价格、工业金属价格、农产品价格、美国非农就业和美国新房销售等。

申克先生已经写了九本书，其中四本在亚马逊畅销榜排名第一：《大宗商品价格 101》《抗衰退》《选举衰退》《机器人的工作》。他也是畅销书《机器人与自动化年鉴：2018》的编辑。申克先生还是彭博社的专栏作家。申克先生曾经是彭博电视台和 CNBC 的嘉宾和嘉宾主持。他的观点经常被媒体引用，包括《华尔街日报》《纽约时报》《金融时报》等。

在创立 Prestige Economics 公司之前，申克先生曾在麦肯锡公司担任风险专家，负责六大洲的贸易和风险项目。在加入麦肯锡公司之前，申克先生曾以经济学家的身份在美联银行工作。

申克先生曾获得北卡罗来纳大学格林斯伯勒分校应用

经济学硕士学位，加州州立大学多明格斯山分校谈判学硕士学位，北卡罗来纳大学教堂山分校德语硕士学位，以及弗吉尼亚大学历史和德语学士学位。他还持有麻省理工学院的金融科技证书、麻省理工学院的供应链管理证书、北卡罗来纳大学的职业发展证书、哈佛法学院的谈判学证书以及NACD和卡内基梅隆大学的网络安全证书。申克先生的专业称号包括：CMT（特许市场技术专家）、CVA（注册估价分析师）、ERP（能源风险专业人士）、CFP（注册金融规划师）和FLTA（注册未来学家和长期分析师）等。申克先生也是LinkedIn线上学习的导师。他的金融风险管理课程于2017年10月发布，他的每周经济指标系列课程于2018年发布。

申克先生是得克萨斯州唯一一家首席执行官公共政策研究机构——得克萨斯商业领袖委员会的成员之一，该委员会仅有100名首席执行官和总裁。他还是Texas Lyceum的2018届董事会成员，这是一个无党派、非营利组织，旨在促进美国和得克萨斯州重要问题上的商业和政策对话。

申克先生是金融科技的一名活跃高管，是得克萨斯州中部天使网络的成员，也是得克萨斯区块链协会的执行董事。他还是美国公司董事协会的成员以及NACD董事会治理研究员。

2016年10月，申克先生创立了未来研究所，通过培训和认证计划来帮助分析师、策略师和经济学家成为未来主义者。

2018年6月，申克先生被Investopedia网站评为全球最具影响力的100名金融顾问之一。

关于杰森·申克的更多信息：
www.jasonschenker.com

关于未来研究所的更多信息：
www.futuristinstitute.org

关于 Prestige Economics 公司的更多信息：
www.prestigeeconomics.com

顶级预测专家的准确率排名

Prestige Economics 公司被公认为是世界上最准确的、独立的大宗商品和金融市场研究公司。作为 Prestige Economics 公司唯一的预测专家,杰森·申克感到非常自豪的是,自 2011 年以来,他被彭博新闻社列为在 42 个不同领域的顶级预测专家。其中,他在 25 个领域的预测准确率排名世界第一。

申克先生是经济指标、能源价格、金属价格、农产品价格和外汇预测等领域的顶级预测专家。

经济指标

非农就业预测	排名世界第一
新房销售预测	排名世界第一
美国失业率预测	排名世界第二
耐用品订单预测	排名世界第三
消费者信心预测	排名世界第六
ISM 制造业指数预测	排名世界第七
美国房屋开工预测	排名世界第七

能源价格

原油价格预测	排名世界第一
布伦特原油价格预测	排名世界第一
亨利港天然气价格预测	排名世界第一

金属价格

黄金价格预测	排名世界第一
铂金价格预测	排名世界第一
钯金价格预测	排名世界第一
工业金属价格预测	排名世界第一
铜价格预测	排名世界第一
铝价格预测	排名世界第一
镍价格预测	排名世界第一
锡价格预测	排名世界第一
锌价格预测	排名世界第一
贵金属价格预测	排名世界第二
白银价格预测	排名世界第二
铅价格预测	排名世界第二
铁矿石预测	排名世界第二

农产品价格

咖啡价格预测	排名世界第一
棉花价格预测	排名世界第一
糖价格预测	排名世界第一
大豆价格预测	排名世界第一

外汇

欧元预测	排名世界第一

英镑预测	排名世界第一
瑞士法郎预测	排名世界第一
人民币预测	排名世界第一
卢布预测	排名世界第一
巴西里亚尔预测	排名世界第一
主要货币预测	排名世界第三
加拿大元预测	排名世界第三
日元预测	排名世界第四
澳大利亚元预测	排名世界第五
墨西哥比索预测	排名世界第七
欧元兑瑞士法郎预测	排名世界第一
欧洲兑日元预测	排名世界第二
欧元兑英镑预测	排名世界第二
欧元兑卢布预测	排名世界第二

免责声明

作者免责声明

以下免责声明适用于本书的所有内容：

本书仅供一般信息使用，并非投资建议。杰森·申克不对任何特定或一般的投资、投资类型、资产类别、无监管市场、特定股票、债券或其他投资工具提出建议。杰森·申克不保证本书中的分析和陈述的完整性或准确性，也不对任何个人或实体基于书中信息造成的任何损失承担任何责任。意见、预测和信息如有更改，恕不另行通知。本书不代表金融或咨询服务或产品的意见或建议；本书仅为市场评论，仅供一般信息使用。本书不构成投资建议。

出版商免责声明

以下免责声明适用于本书的所有内容：

本书仅供一般信息使用，并非投资建议。Prestige 专业出版有限责任公司不对任何特定或一般投资、投资类型、资产类别、无监管市场、特定股票、债券或其他投资工具提出建议。Prestige 专业出版有限责任公司不保证本书中的分析和陈述的完整性或准确性，也不对任何个人或实体基于书中信息造成的任何损失承担任何责任。意见、预测和信息如有更改，恕不另行通知。本书不代表金融或咨询服务或产品的意见或建议；本书仅为市场评论，仅供一般信息使用。本书不构成投资建议。

The simplified Chinese translation rights
arranged through Rightol Media
(本书中文简体版权经由锐拓传媒取得
Email: copyright@rightol.com)

Prestige Professional Publishing LLC
7101 Fig Vine Cove
Austin, Texas 78750
www.prestigeprofessionalpublishing.com

ISBN: 978-1-946197-10-8 Paperback
978-1-946197-11-5 Ebook